# 公安派出所消防工作手册

公安部消防局 编

群众出版社
·北京·

**图书在版编目（CIP）数据**

公安派出所消防工作手册 / 公安部消防局编. — 北京：
群众出版社, 2012.2
ISBN 978-7-5014-4765-7

Ⅰ. ①公… Ⅱ. ①公… Ⅲ. ①消防 - 工作 - 中国 - 手
册 Ⅳ. ①D631.6-62

中国版本图书馆CIP数据核字(2011)第277886号

**公安派出所消防工作手册**
公安部消防局 编

出版发行：群众出版社
地　　址：北京市西城区木樨地南里
邮政编码：100038
经　　销：新华书店
印　　刷：北京通天印刷有限责任公司

版　　次：2012年6月第1版
印　　次：2017年3月第6次
印　　张：6.25
开　　本：880毫米 × 1230毫米　1/32
字　　数：168千字

书　　号：ISBN 978-7-5014-4765-7
定　　价：30.00元

网　　址：www.qzcbs.com
电子邮箱：qzcbs@sohu.com

营销中心电话：010-83903254
读者服务部电话（门市）：010-83903257
警官读者俱乐部电话（网购、邮购）：010-83903253
公安综合分社电话：010-83901870

# 《公安派出所消防工作手册》编委会

主　　编：陈　飞

副 主 编：马恩强

编写人员：（按姓氏笔画为序）

马恩强　王　伟　王　刚　王　欣　王海港

王艳华　刘激扬　孙金杰　邢鹏鲲　吴礼龙

张青山　李克宁　李彦军　邱欢庆　金开能

胡安雄　陶俊刚　高　骞　黄　韬　彭　博

董英和　鲁云龙　赖雄飞　廖宏平　谭远林

薄建伟

# 编写说明

消防监督管理是公安工作的重要内容。公安派出所作为公安机关最基层、最前沿的战斗实体，与广大人民群众接触面广、联系紧密。《中华人民共和国消防法》、《消防监督检查规定》（公安部令第107号）、《火灾事故调查规定》（公安部令第108号）赋予了公安派出所日常消防监督检查、消防宣传教育、协助火灾事故调查等工作职责。为进一步提高公安派出所民警消防工作能力和水平，公安部消防局组织编写了《公安派出所消防工作手册》。

本书涵盖了公安派出所对各类单位（场所）的日常消防监督检查，协助火灾事故调查，推动街道、乡镇落实消防安全网格化管理，开展消防宣传教育，公安网消防监督管理系统使用介绍，消防基础业务理论等内容，融知识性、实用性、操作性于一体，简明扼要，通俗易懂。

本书共八章。第一章由李彦军、鲁云龙、邱欢庆、邢鹏鲲撰写；第二章由马恩强、胡安雄、王海港、彭博、王艳华、张青山撰写；第三章由刘激扬、王伟、廖宏平撰写；第四章由吴礼龙、王刚、金开能、孙金杰撰写；第五章由邱欢庆、黄韬撰写；第六章由薄建伟、陶俊刚、董英和撰写；第七章由王欣、高骞、赖雄飞撰写；第八章由胡安雄、李克宁、谭远林撰写。胡安雄、邱欢庆对本书进行了统稿，最后由马恩强审核定稿。

由于时间仓促，本书可能存在疏漏之处，敬请提出宝贵意见。

公安部消防局

二〇一二年六月

# 目 录 | Contents

# 目 录 | Contents

目 录 | Contents

# 第一章　消防监督检查

消防监督检查是《中华人民共和国消防法》（以下简称《消防法》）、《消防监督检查规定》（公安部令第107号，下同）赋予公安机关消防机构和公安派出所的一项法定职责。

## 第一节　公安派出所消防监督检查范围和形式

### 一、消防监督检查范围

依据《消防监督检查规定》，公安派出所依法对其管辖区域内的居民住宅区物业服务企业、村民委员会、居民委员会履行消防安全职责的情况和上级公安机关确定的单位实施日常消防监督检查。具体检查范围由各省、自治区、直辖市公安机关确定。

公安派出所应当建立管辖区域内的居民住宅区物业服务企业、村民委员会、居民委员会和单位（场所）的消防工作基础台账。

### 二、消防监督检查形式

公安派出所开展消防监督检查的形式主要有四种：对单位（场所）履行法定消防安全职责情况的监督检查；对举报投诉的消防安全违法行为的核查；对村民委员会、居民委员会履行消防安全职责情况的监督检查；根据需要进行的其他消防监督检查。

（一）对单位（场所）履行法定消防安全职责情况的监督检查

这类检查是公安派出所对管辖区域内由省级公安机关确定的建筑面积较小、容纳人数较少的餐饮、购物、住宿、歌舞娱乐、休闲健身、医院、学校、生产加工等单位（场所）以及居民住宅区物业服务企业进行的日常监督检查。主要对单位（场所）的消防合法性、消防安全管理、建筑防火、消防设施等情况进行监督检查。公安派出所对其管辖区域内的单位（场所）应当每年至少进行一次日常消防监督检查。

（二）对举报投诉的消防安全违法行为的核查

公安派出所接到举报投诉占用、堵塞、封闭疏散通道、安全出口或者其他妨碍安全疏散行为，以及擅自停用消防设施的，应当在接到举报投诉后二十四小时内进行核查；对其他消防安全违法行为的举报、投诉，应当在接到举报投诉之日起三个工作日内进行核查。对不属于公安派出所管辖的，应当依照《公安机关办理行政案件程序规定》（公安部令第88号，下同）在受理后及时移送公安机关消防机构处理。

（三）对村民委员会、居民委员会履行消防安全职责情况的监督检查

村（居）民委员会是村民、居民自我管理、自我教育、自我服务的基层群众性组织，与群众的日常生活最为接近，是我国消防工作的最基层组织。加强对村（居）民委员会履行消防安全职责情况的检查，有助于积极发挥基层群众性自治组织的作用，通过宣传、教育、动员、组织广大村民、居民开展群众性消防安全工作，是提高群众自防自救能力、增强全民消防安全素质的有效途径。

（四）根据需要进行的其他消防监督检查

这类检查比较常见的是各种专项消防安全检查，是地方政府、公安机关、公安机关消防机构根据火灾防控需要进行的一种检查，具有较强的突击性和针对性，检查对象、范围、目标相对明确，时间、步骤、方法、标准相对统一，通常应用于对某一行业、某一方面的消防安全专项治理或者突击开展的集中检查行动，如外墙保温材料消防安全专项整治，高层、地下建筑消防安全专项整治等。

## 第二节 社会单位、公民消防安全职责

### 一、机关、团体、企业、事业单位的消防安全职责

（一）落实消防安全责任制，制定本单位的消防安全制度、消防安全操作规程，制定灭火和应急疏散预案。

（二）按照国家标准、行业标准配置消防设施、器材，设置消防安全标志，并定期组织检验、维修，确保完好有效。

（三）对建筑消防设施每年至少进行一次全面检测，确保完好有效，检测记录应当完整准确，存档备查。

（四）保障疏散通道、安全出口、消防车通道畅通，保证防火防烟分区、防火间距符合消防技术标准。

（五）组织防火检查，及时消除火灾隐患。

（六）组织进行有针对性的消防演练。

（七）法律、法规规定的其他消防安全职责。

消防安全重点单位，除应当履行上述职责外，还应当履行下列消防安全职责：

（一）确定消防安全管理人，组织实施本单位的消防安全管理工作。

（二）建立消防档案，确定消防安全重点部位，设置防火标志，实行严格管理。

（三）实行每日防火巡查，并建立巡查记录。

（四）对职工进行岗前消防安全培训，定期组织消防安全培训和消防演练。

### 二、居民住宅区物业服务企业的消防安全职责

居民住宅区物业服务企业应当对管理区域内共用消防设施进行维护管理，提供消防安全防范服务。

（一）制定消防安全制度，落实消防安全责任，开展消防安全宣传教育。

（二）开展防火检查，消除火灾隐患。

（三）保障疏散通道、安全出口、消防车通道畅通。

（四）保障公共消防设施、器材以及消防安全标志完好有效。

## 三、村民委员会、居民委员会的消防工作职责

（一）确定消防安全管理人，制定消防安全工作制度。

（二）组织制定防火安全公约，开展消防宣传教育。

（三）进行防火安全检查，对辖区消防水源、消防车通道、消防器材进行维护管理。

（四）结合实际建立志愿消防队等多种形式消防组织。

## 四、公民个人的消防安全权利和义务

任何个人都有维护消防安全、保护消防设施、预防火灾、报告火警的义务。成年人有参加有组织的灭火工作的义务。

（一）不得损坏、挪用或者擅自拆除、停用消防设施、器材，不得埋压、圈占、遮挡消火栓或者占用防火间距，不得占用、堵塞、封闭疏散通道、安全出口、消防车通道。

（二）发现火灾应当立即报警，无偿为报警提供便利，不得阻拦报警，严禁谎报火警。

（三）人员密集场所发生火灾，现场工作人员应当立即组织、引导在场人员疏散。

（四）按照公安机关消防机构或者公安派出所的要求保护火灾现场，接受事故调查，如实提供与火灾有关的情况。

（五）任何人都有权对公安机关消防机构、公安派出所及其工作人员在执法中的违法行为进行检举、控告。

## 第三节 消防监督检查内容和方法

### 一、消防监督检查内容

（一）单位（场所）检查内容

1.建筑物或者场所是否依法通过消防验收或者进行竣工验收消防备案，公众聚集场所是否依法通过投入使用、营业前的消防安全检查。

2.是否制定消防安全制度。

3.是否组织防火检查、消防安全宣传教育培训、灭火和应急疏散演练。

4.消防车通道、疏散通道、安全出口是否畅通，室内消火栓、疏散指示标志、应急照明、灭火器是否完好有效。

5.生产、储存、经营易燃易爆危险品的场所是否与居住场所设置在同一建筑物内。

6.设有消防设施的单位，是否对建筑消防设施定期组织维护保养。

7.居民住宅区的物业服务企业对管理区域内共用消防设施是否进行维护管理。

（二）村（居）民委员会检查内容

1.是否确定消防安全管理人。

2.是否制定消防安全工作制度、村（居）民防火安全公约。

3.是否开展消防宣传教育、防火安全检查。

4.是否对社区、村庄消防水源（消火栓）、消防车通道、消防器材进行维护管理。

5.是否建立志愿消防队等多种形式消防组织。

### 二、消防监督检查方法

（一）单位（场所）检查方法

1.建筑物（场所）消防合法性检查

查阅被检查单位提供的相关法律文书，查询公安机关消防机构有关消防行政许可档案，或者登录当地互联网“消防办事大厅”系统（见图1–1），检查是否依法取得合格的《建设工程消防验收意见书》（见图1–2）或者进行消防竣工验收备案；公众聚集场所是否依法通过投入使用、营业前消防安全检查，取得《公众聚集场所投入使用、营业前消防安全检查合格证》（见图1–3）。

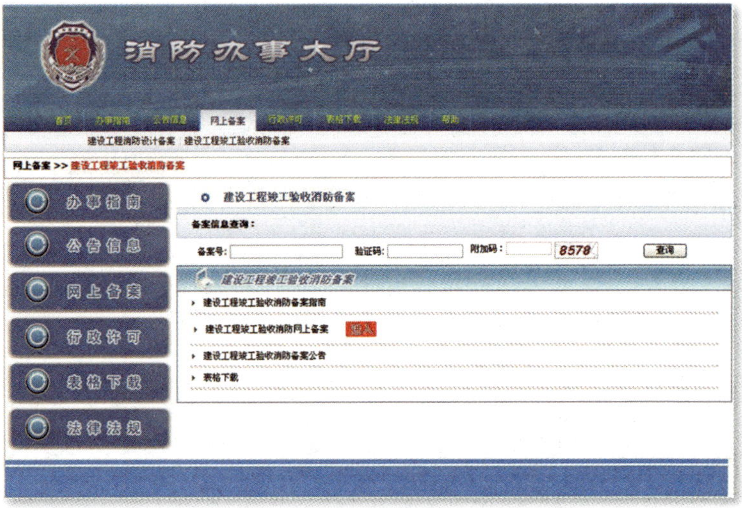

图1–1 互联网“消防办事大厅”系统

对1998年9月1日前依法投入使用的建筑物（此后无装修、用途等改变），不能提供消防验收合格证明文件的，可以要求其提供证明建筑物投入使用时间和当时使用性质的证明文件，视为建筑消防合法。此情形应在《公安派出所日常消防监督检查记录》“备注”栏内注明。

××市公安消防支队

建设工程消防验收意见书

×公消验[20××]第××××号

××××有限公司：

依据《中华人民共和国消防法》和《建设工程消防监督管理规定》的规定，我支队对你单位申报的×××建设工程（详细载明工程地址、类别、性质、建设规模、验收范围等），进行了消防验收。根据国家工程建设消防技术标准和《建设工程消防设计审核意见书》（×公消审[200×]第××号），经资料审查、现场抽样检查和功能测试，综合评定该工程消防验收合格。

工程投入使用后，你单位应加强建筑消防设施维护保养，保证完好有效；要建立健全消防安全制度，落实消防安全责任制，确保安全。

工程如需改建、扩建、内部装修和用途变更，应依法向公安机关消防机构申请建设工程消防设计审核、验收或备案。

（公安机关消防机构印章）

××年×月×日

一式两份，一份交建设单位，一份存档。

图1-2《建设工程消防验收意见书》式样

公众聚集场所投入使用、营业前消防安全检查合格证

×公消安检许字［20××］第××××号

场所名称：××市××歌舞厅　　消防安全责任人：王××

地　　址：××市××路××号　　使用性质：公共娱乐场所

场所所在建筑名称：××大厦　　建筑层数：第一、三、四层

使用面积：1200平方米　　场所使用情况：第一层为大厅，第三、四层为歌舞厅

现有消防设施：火灾自动报警系统、自动喷水灭火系统、机械防排烟系统、室内消火栓、室外消火栓、消防电梯、应急广播、应急照明、疏散指示标志、手提式干粉灭火器（20具）。

发证机关：（公安机关消防机构印章）

××年×月×日

（本证仅证明场所投入使用、营业前经消防安全检查合格）

图1-3《消防安全检查合格证》式样

2.消防安全管理情况检查

查阅被检查单位提供的相关制度文本及落实情况记录，抽查员工掌握消防安全知识情况。

（1）检查消防安全制度制定落实情况

检查是否确定消防安全管理人员，是否建立和落实逐级消防安全责任制和岗位消防安全责任制（见图1–4）。

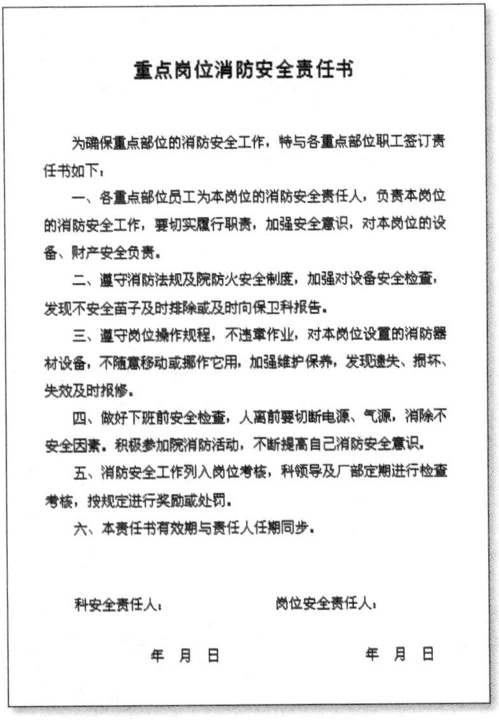

重点岗位消防安全责任书

为确保重点部位的消防安全工作，特与各重点部位职工签订责任书如下：

一、各重点部位员工为本岗位的消防安全责任人，负责本岗位的消防安全工作，要切实履行职责，加强安全意识，对本岗位的设备、财产安全负责。

二、遵守消防法规及院防火安全制度，加强对设备安全检查，发现不安全苗子及时排除或及时向保卫科报告。

三、遵守岗位操作规程，不违章作业，对本岗位设置的消防器材设备，不随意移动或挪作它用，加强维护保养，发现遗失、损坏、失效及时报修。

四、做好下班前安全检查，人离前要切断电源、气源，消除不安全因素。积极参加院消防活动，不断提高自己消防安全意识。

五、消防安全工作列入岗位考核，科领导及厂部定期进行检查考核，按规定进行奖励或处罚。

六、本责任书有效期与责任人任期同步。

科安全责任人：　　　　岗位安全责任人：

年　月　日　　　　年　月　日

图1–4 岗位消防安全责任书式样

根据场所大小检查是否制定消防安全教育培训、防火检查巡查、安全疏散设施管理、消防（控制室）值班、消防设施器材维护管理、火灾隐患整改、用火用电安全管理、易燃易爆危险品和场所防火防爆、专职和义务消防队的组织管理、灭火和应急疏散预案演练、燃气和电气设备的检查和管理、消防安全工作考评和奖惩等消防安全管理制度（见图1–5）。

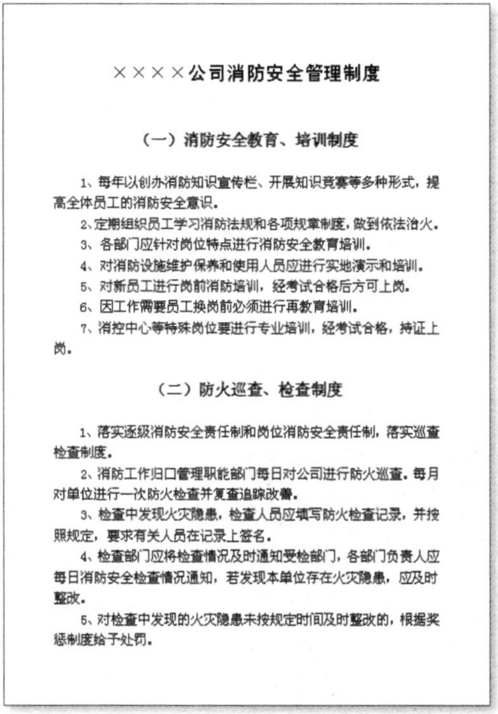

××××公司消防安全管理制度

（一）消防安全教育、培训制度

1、每年以创办消防知识宣传栏、开展知识竞赛等多种形式，提高全体员工的消防安全意识。

2、定期组织员工学习消防法规和各项规章制度，做到依法治火。

3、各部门应针对岗位特点进行消防安全教育培训。

4、对消防设施维护保养和使用人员应进行实地演示和培训。

5、对新员工进行岗前消防培训，经考试合格后方可上岗。

6、因工作需要员工换岗前必须进行再教育培训。

7、消控中心等特殊岗位要进行专业培训，经考试合格，持证上岗。

（二）防火巡查、检查制度

1、落实逐级消防安全责任制和岗位消防安全责任制，落实巡查检查制度。

2、消防工作归口管理职能部门每日对公司进行防火巡查。每月对单位进行一次防火检查并复查追踪改善。

3、检查中发现火灾隐患，检查人员应填写防火检查记录，并按照规定，要求有关人员在记录上签名。

4、检查部门应将检查情况及时通知受检部门，各部门负责人应每日消防安全检查情况通知，若发现本单位存在火灾隐患，应及时整改。

5、对检查中发现的火灾隐患未按规定时间及时整改的，根据奖惩制度给予处罚。

图1–5 单位（场所）消防安全管理制度式样

（2）检查员工消防安全教育培训情况

检查是否组织新上岗和进入新岗位的员工进行上岗前的消防安全培训（见图1–6）；公众聚集场所是否至少每半年对员工进行一次消防安全培训。

检查消防控制设备操作人员是否经过消防专门培训，持证上岗（见图1–7）。

新员工上岗前消防安全培训记录表

培训时间：　　年　月　日

| 姓名 | 性别 | 出生年月 | 工种 | 职务 | 培训内容 | 考核情况 |
|---|---|---|---|---|---|---|
| | | | | | | |
| | | | | | | |
| | | | | | | |
| | | | | | | |
| | | | | | | |
| | | | | | | |
| | | | | | | |
| | | | | | | |
| | | | | | | |
| | | | | | | |
| | | | | | | |
| | | | | | | |
| | | | | | | |

图1–6《员工消防安全培训记录》式样

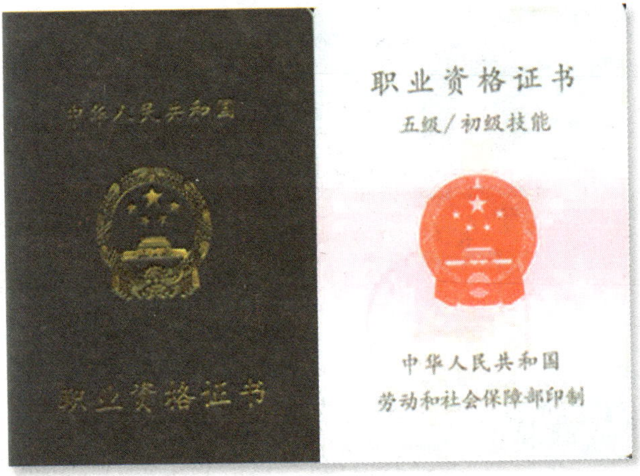


图1–7 消防职业资格证书

抽查员工对消防安全知识的掌握情况，检查其是否懂本单位（场所）火灾危险性、是否会报火警、是否会扑救初起火灾、是否会火场逃生自救。

（3）检查开展防火检查情况

检查机关、团体、事业单位是否至少每季度进行一次防火检查，其他单位是否至少每月进行一次防火检查（见图1–8）。

公众聚集场所是否组织防火巡查，营业期间的防火巡查是否至少每二小时一次（见图1–9）；营业结束时是否对营业现场进行检查，消除遗留火种。

（4）检查灭火和应急疏散预案制定演练情况

检查是否结合本单位实际制定灭火和应急疏散预案，是否至少每年组织一次演练（见图1–10、1–11）。

抽查员工是否掌握灭火和引导人员疏散逃生的技能。

**防火检查记录表**

| 检查时间 | 年　　月　　日 | | |
|---|---|---|---|
| 检查人 | | | |
| 检查情况 | 项　目 | 存在问题 | 整改情况 |
| | | | |
| | | | |
| | | | |
| | | | |
| | | | |
| | | | |
| | | | |
| | | | |
| | | | |
| | | | |
| | | | |
| | | | |
| 需要说明的情况 | | | |

图1–8《防火检查记录表》式样

**每日防火巡查记录表**

巡查人：　　主管人：　　日期：　年　月　日

| 巡查时间 | 巡查情况 | | | | | | 问题整改情况 |
|---|---|---|---|---|---|---|---|
| | 用火、用电情况 | 疏散通道<br>安全出口 | 应急灯<br>疏散指示标志 | 消防设施、器材 | 防火门<br>防火卷帘 | 重点部位人员 | |
| | | | | | | | |
| | | | | | | | |
| | | | | | | | |
| | | | | | | | |
| | | | | | | | |
| | | | | | | | |
| | | | | | | | |
| | | | | | | | |
| | | | | | | | |
| | | | | | | | |
| | | | | | | | |
| | | | | | | | |
| | | | | | | | |

图1–9《每日防火巡查记录表》式样

## ×××公司灭火和应急疏散预案

**一、组织机构和任务**

1、领导小组。组长：×××，副组长：×××，成员：×××、×××、×××。负责预案的制定和组织指挥。

2、灭火行动组。组长：×××，成员：×××、×××、×××。负责利用单位内部消防设施和灭火器材，扑救火灾。

3、疏散引导组。组长：×××，成员：×××、×××、×××。负责组织人员沿疏散通道向外疏散，再组织物资疏散。

4、通讯联络组。组长：×××，成员：×××、×××。负责现场的通讯联络和信息报告。

5、安全救护组。组长：×××，成员：×××、×××。负责现场伤员的救护。

**二、组织程序**

1、演练或火灾发生后，由通讯联络组迅速向“119”火警台报警和向单位领导报告，做到正确报警，讲清起火单位、地址、燃烧性质，并到路口接引消防车。

2、灭火行动组立即启用单位内部消防灭火器材，利用干粉灭火器和水进行扑灭，救护被困人员。

3、疏散引导利用喊话、手势和按警铃等方法，指挥人员沿疏散通道向外疏散，确保安全。

4、安全救护组对现场救出的伤员进行现场救护，对伤势严重的及时向“120”急救中心呼救。

**三、要求**

1、单位人员严肃认真，加强对单位消防设施的熟练和掌握。

2、各小组人员应按各自分工认真负责，组织各组人员的预案进行熟悉和掌握。

3、演练或火灾处置中严密组织，协同作战。

**单位（盖章）：×××有限公司**

**××年×月×日**

图1-10《灭火和应急疏散预案》式样

## 灭火和应急疏散预案演练记录表

| 部 位 | | 时间 | | 总指挥 | |
|---|---|---|---|---|---|
| 演练内容 | | | | | |
| 参加部门及人员： | | | | | |
| 演练情况总结： | | | | | |

图1-11《灭火和应急疏散演练记录表》式样

（5）检查“合用场所”设置情况

对照建筑物有关档案资料，实地查看是否有改变建筑用途，是否违反规定将生产、储存、经营易燃易爆危险品的场所与居住场所设置在同一建筑物内。

3.建筑防火检查

（1）检查消防车通道

实地查看建筑周边是否设置消防车通道；消防车通道上是否停放车辆、摆放物品，占用、堵塞消防车通道；消防车通道上部4米范围内是否设置影响通行或操作的障碍物（见图1–12）。

（2）检查疏散通道、安全出口

检查座椅、柜台设置和物品摆放是否影响安全出口和疏散通道的使用；检查场所使用、营业期间安全出口是否锁闭、堵塞；查看安全出口标志是否醒目、有无遮挡（见图1–13）。

图1–12 消防车通道

图1–13 疏散通道和安全出口

（3）检查防火门

检查常闭式防火门是否张贴“常闭”提示性标语，是否处于关闭状态，是否能关闭密实；查看防火门外观及闭门器、顺序器、密封条、门扇等零部件是否完整好用，防火门是否向疏散方向开启（见图1–14）。

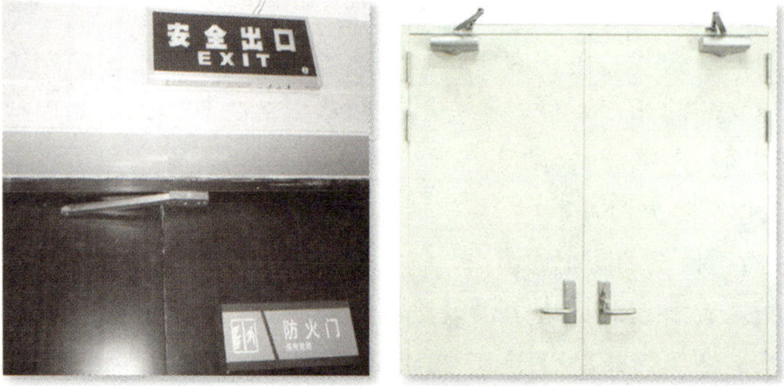


图1-14 防火门及其零部件

（4）检查疏散指示标志

检查灯光疏散指示标志是否设置在疏散通道1米以下墙面或地面，是否醒目，有无遮挡，是否完好有效；检查疏散通道转角区和疏散门正上方是否设置灯光疏散指示标志，安全出口处是否设置安全出口标志；按下测试按钮或切断正常供电电源，检查灯光疏散指示标志是否启动，是否指向疏散方向（见图1-15）。

图1-15 灯光疏散指示标志

（5）检查应急照明

检查消防控制室（值班室）、设备机房、疏散通道、人员聚集场所等部位是否设置应急照明灯具，是否完好有效；按下测试按钮或切断正常供电电源，检查应急照明灯具是否启动，目测亮度是否足够（见图1–16）。

4.消防设施检查

（1）检查室内消火栓

检查是否设置室内消火栓，水枪、水带是否齐全、完好；检查消火栓是否有明显标识，是否被圈占或遮挡；测试消火栓是否有水，压力是否充足（见图1–17）。

图1–16 应急照明灯测试

图1–17 室内消火栓水压测试

（2）检查灭火器

检查是否配置灭火器，灭火器选型是否正确，是否摆放在明显、便于取用的位置；检查灭火器是否超过使用期限，压力指针是否位于绿区（见图1–18）。

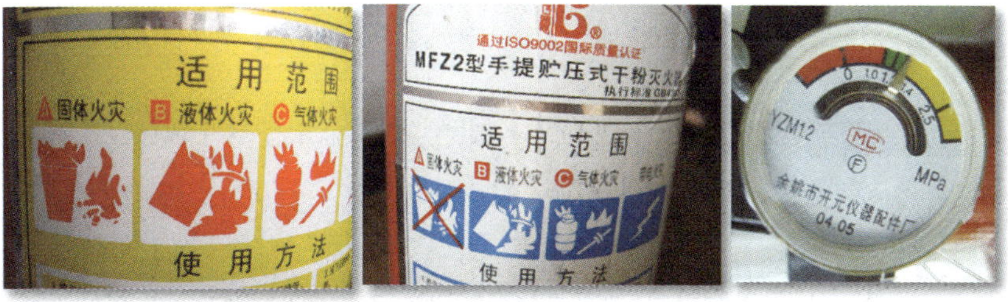


图1–18 灭火器选型及压力指示

（3）检查建筑消防设施

查阅被检查单位提供的建筑消防设施检测、维护报告或记录，检查是否定期组织维护保养（见图1–19）。

维护保养可以由单位自行进行，也可以委托具有资质的消防技术服务机构进行。

（4）检查共用消防设施维护管理

查阅物业服务企业对管理区域内共用消防设施的维护管理记录，对检查发现的问题是否采取整改措施；现场抽查、测试共用消防设施是否完好有效。

（二）村（居）民委员会检查方法

1.检查消防安全管理人确定情况

查阅相关文件资料，检查是否建立消防安全管理组织，是否确定消防安全管理人（见图1–20）。

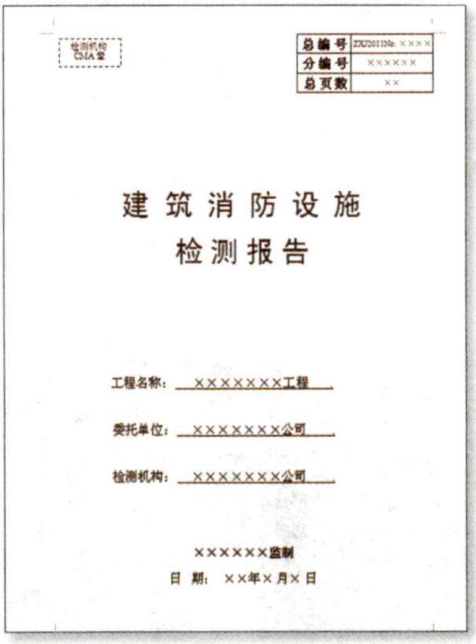

检测机构 CMA章

| | |
|---|---|
| 总编号 | ZXU2011No.×××× |
| 分编号 | ×××××× |
| 总页数 | ×× |

建筑消防设施
检测报告

工程名称：××××××××工程

委托单位：××××××××公司

检测机构：××××××××公司

××××××监制

日　期：××年×月×日

图1–19《建筑消防设施检测报告》式样

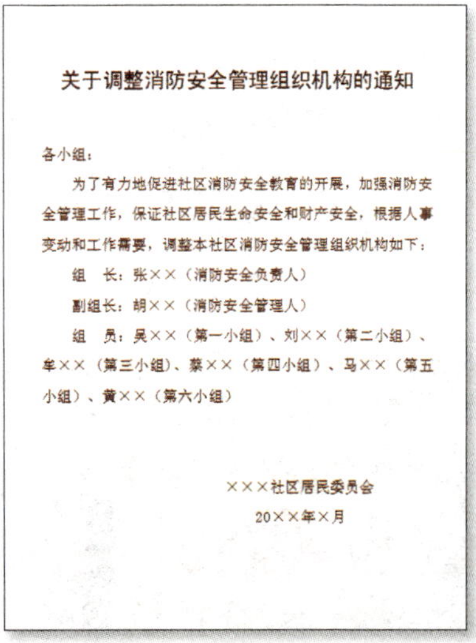

关于调整消防安全管理组织机构的通知

各小组：

为了有力地促进社区消防安全教育的开展，加强消防安全管理工作，保证社区居民生命安全和财产安全，根据人事变动和工作需要，调整本社区消防安全管理组织机构如下：

组　长：张××（消防安全负责人）

副组长：胡××（消防安全管理人）

组　员：吴××（第一小组）、刘××（第二小组）、牟××（第三小组）、蔡××（第四小组）、马××（第五小组）、黄××（第六小组）

×××社区居民委员会

20××年×月

图1–20 消防安全管理组织机构文件式样

2.检查消防安全工作制度制定落实情况

查阅相关文件资料，检查是否制定消防宣传教育、防火安全检查、消防器材配置及维护管理、火灾隐患整改、灭火和应急疏散预案、消防安全多户联防、多种形式消防队伍建设管理等消防安全工作制度。

3.检查防火安全公约制定情况

检查是否制定《村民防火安全公约》、《居民防火安全公约》，是否在农村、社区的人员聚集场所张贴悬挂，并发放到户（见图1–21）。

检查《村民防火安全公约》、《居民防火安全公约》是否包括遵守消防法律法规、掌握防火灭火基本知识、管好生活用火、安全使用电器、教育儿童不要玩火等内容。

图1–21 村（居）民防火安全公约

4.检查消防宣传教育情况

检查农村、社区是否设置消防宣传栏（见图1–22），是否定期组织消防宣传活动。

抽查村民、居民对消防安全知识的掌握情况，检查其是否了解消防常识、是否会扑救初起火灾、是否会逃生自救。

5.检查开展防火安全检查情况

查阅有关档案资料，检查村（居）民委员会是否定期组织开展防火检查。

图1-22 农村、社区消防宣传栏

6.检查对消防水源、消防车通道、消防器材维护管理情况

查阅有关记录，查看、测试消防水源、消防车通道、消防器材运行情况，检查村（居）民委员会是否落实消防设施器材维护管理职责。

7.检查多种形式消防队伍建立情况

查阅有关文件资料，抽查相关人员，检查是否建立志愿消防队、保安消防队、巡防队等多种形式消防组织并开展训练、演练（见图1-23）。

抽查志愿消防队、保安消防队、巡防队队员对岗位职责和消防常识的掌握情况。

图1-23 农村志愿消防队演练

# 第四节 消防监督检查程序和要求

## 一、单位（场所）消防监督检查

### （一）工作流程

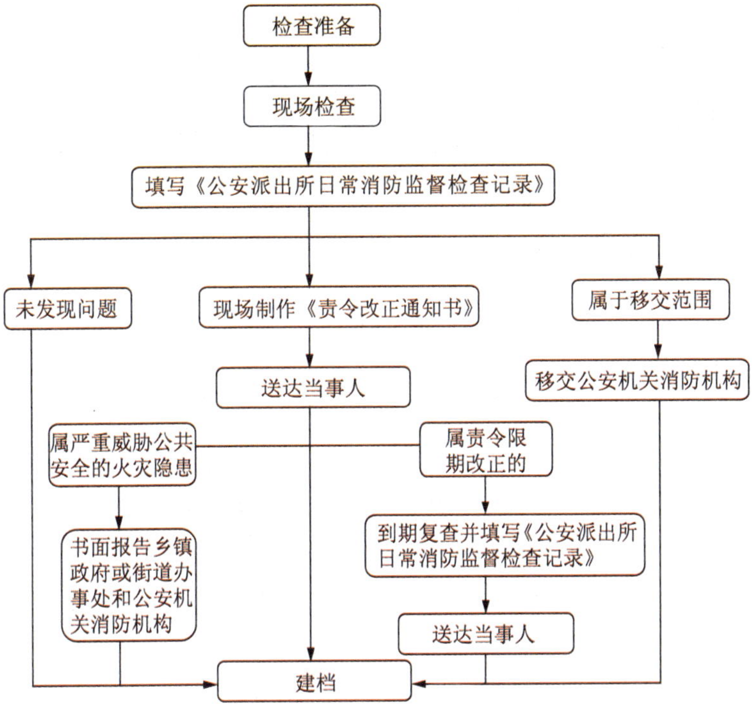


### （二）工作要求

1.检查准备

（1）了解单位基本情况。查阅被检查单位基础台账或档案资料，了解单位的地址、单位主管人员或经营人员、单位性质、建筑概况及历次消防监督检查等情况。

（2）准备检查文书和器材。准备《公安派出所日常消防监督检查记录》、《责令改正通知书》，以及照相机、摄像机等必要的消防监督检查器材。

2.现场检查

实施检查时，应当根据不同的检查内容，分别采取查阅、查看、功能测试、询问等方法，了解被检查单位的消防安全状况。检查中对涉及的消防设施和器材，应当检查配备种类和数量是否符合要求、设施器材是否完好有效等情况。

3.填写检查记录

公安派出所对单位（场所）、居民住宅区物业服务企业进行消防监督检查，应当填写《公安派出所日常消防监督检查记录》（见范例1-4-1、1-4-2），记录表中所列单位基本情况、单位履行消防安全职责情况、责令改正情况、移送公安机关消防机构处理等内容应如实填写。

4.检查后的处理

（1）未发现消防违法行为或火灾隐患的

检查中未发现单位（场所）、居民住宅区物业服务企业存在消防违法行为或火灾隐患的，填写《公安派出所日常消防监督检查记录》，一式两份，一份交被检查单位，一份存档。

（2）属于轻微违法行为的

检查中发现消防违法行为轻微并当场整改完毕，依法可以不予行政处罚的，应当口头责令改正，并在《公安派出所日常消防监督检查记录》"备注"栏内注明，一式两份，一份交被检查单位，一份存档。

（3）应当依法责令改正的

检查中发现单位（场所）存在下列情形的，应当在《公安派出所日常消防监督检查记录》中注明，填写《责令改正通知书》（见范例1-4-4），交被检查单位：

①未制定消防安全制度、未组织防火检查和消防安全教育培训、消防演练的；

②占用、堵塞、封闭疏散通道、安全出口的；

③占用、堵塞、封闭消防车通道，妨碍消防车通行的；

④埋压、圈占、遮挡消火栓或者占用防火间距的；

⑤室内消火栓、灭火器、疏散指示标志和应急照明未保持完好有效的；

⑥人员密集场所在外墙门窗上设置影响逃生和灭火救援的障碍物的；

⑦违反消防安全规定进入生产、储存易燃易爆危险品场所的；

⑧违反规定使用明火作业或者在具有火灾、爆炸危险的场所吸烟、使用明火的；

⑨生产、储存和经营易燃易爆危险品的场所与居住场所设置在同一建筑物内的；

⑩未对建筑消防设施定期组织维护保养的。

以上第①、⑩项行为，以及发现居民住宅区物业服务企业未对管理区域内共用消防设施进行维护管理的，应当责令限期改正。对依法责令限期改正的，应当根据改正违法行为的难易程度合理确定改正期限，并在《公安派出所日常消防监督检查记录》“责令改正情况”栏中注明，责令改正期限届满或者收到当事人复查申请之日起三个工作日内进行复查。对逾期不改正的，依法予以处理。

（4）应当依法移交的

公安派出所在日常消防监督检查中，发现被检查单位存在下列情形的，应当在检查之日起五个工作日内填写《案件移送通知书》（见范例1-4-5），书面移交公安机关消防机构处理：

①建筑物未依法通过消防验收，或者未进行竣工验收消防备案，擅自投入使用的；

②公众聚集场所未依法通过使用、营业前的消防安全检查，擅自投入使用、营业的；

③其他需要移交的消防违法行为或火灾隐患。

（5）严重威胁公共安全的

公安派出所在消防监督检查中，发现存在下列火灾隐患，严重威胁公共安全的，应当责令改正，并在《公安派出所日常消防监督检查记录》“责令改正情况”栏中注明，同时书面报告乡镇政府或者街道办事处和公安机关消防机构：

①违法设置烟花爆竹、瓶装液化气等易燃易爆危险品销售、储存点的；

②废品收购站、柴草堆场等大型可燃物品堆放场所与周边建筑防火间距不足的；

③生产、经营、储存、住宿在同一个空间或建筑的“三合一”场所；

④其他一旦发生火灾可能造成重大人员伤亡和财产损失的。

## 二、村（居）民委员会消防监督检查

（一）工作流程

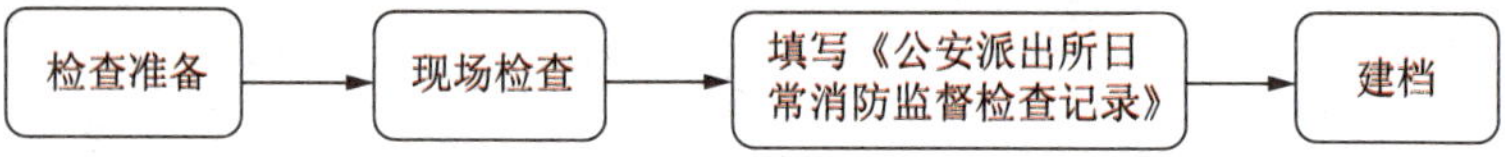


（二）工作要求

1.检查准备

（1）了解村（居）民委员会基本情况。查阅村（居）民委员会基础台账或档案资料，了解其地址、主要负责人、辖区消防安全状况及历次消防监督检查等情况。

（2）准备检查文书和器材。准备《公安派出所日常消防监督检查记录》，以及照相机、摄像机等必要的消防监督检查器材。

2.现场检查

实施检查时，应当根据不同的检查内容，分别采取查阅、查看、功能测试、询问走访等方法，了解被检查村（居）民委员会的消防工作开展情况。

3.填写检查记录

公安派出所对村（居）民委员会进行日常消防监督检查，应当填写《公安派出所日常消防监督检查记录》（见范例1-4-3），记录表中所列单位名称、主要负责人、地址、检查日期、村（居）民委员会履行消防安全职责情况等内容必须如实填写。

4.检查后的处理

针对检查中发现的问题，公安派出所应当现场予以指出，帮助、指导村（居）民委员会改正；对拒不改正的，应当在《公安派出所日常消防监督检查记录》"备注"栏内注明，并书面报告乡镇政府或者街道办事处和公安机关消防机构。

范例1-4-1

## 公安派出所日常消防监督检查记录

编号：[20××]第×××××号

<table>
<tr><td>单位名称</td><td colspan="3">××××宾馆</td><td>主要负责人</td><td>张××</td></tr>
<tr><td>地　　址</td><td colspan="3">××市×××区××大街××号</td><td>单位性质</td><td>公众聚集场所</td></tr>
<tr><td>建筑面积</td><td>××平方米</td><td>建筑层数</td><td>共×层（第×层）</td><td>建筑高度</td><td>××米</td></tr>
<tr><td>监督检查人员（签名）</td><td>王×、李×</td><td>单位随同检查人员（签名）</td><td>宋××</td><td>检查日期</td><td>×年×月×日</td></tr>
<tr><td colspan="6">检查内容和情况记录</td></tr>
<tr><td rowspan="3">单位履行消防安全职责情况</td><td>合法性</td><td colspan="4">1、建筑物通过消防验收：　☑是　□否　文号 ×公消验[2011] ×号<br>2、建筑物竣工验收消防备案：　□是　□否　文号 /<br>3、1998年9月1日之前建筑：□是　□否<br>4、公众聚集场所通过投入使用、营业前消防安全检查：<br>☑是　□否　文号×公消安检许字[2011]第×号</td></tr>
<tr><td>消防安全管理</td><td colspan="4">1、消防安全制度：　□有　☑无　□不全<br>2、员工消防安全教育培训：□组织开展　☑未组织开展<br>3、防火检查：　□组织开展　☑未组织开展<br>4、灭火和应急疏散预案：　□有且组织演练　□有，未演练<br>□无且未演练　☑无，组织演练<br>5、生产、储存、经营易燃易爆危险品的场所与居住场所设置在同一建筑物内：<br>□是　☑否<br>6、其他情况：</td></tr>
<tr><td>建筑防火</td><td colspan="4">1、消防车通道：　□无　☑畅通　□被堵塞、占用<br>2、疏散通道、安全出口：　☑畅通　□堵塞　□锁闭<br>3、防火门：　☑完好有效　□常闭式防火门常开　□损坏<br>4、疏散指示标志：　□完好有效　□损坏　☑缺少<br>5、应急照明：　□完好有效　□损坏　☑缺少<br>6、其他情况：</td></tr>
</table>

| | |
|---|---|
| 消防设施 | 1、室内消火栓： ☑未设置 □完好有效<br>□损坏 □无水 □配件不齐<br>2、灭火器： □未配置 ☑完好有效 □失效<br>3、建筑消防设施：□定期组织维护保养并记录 □未定期组织维护保养<br>☑无记录<br>4、物业服务企业对管理区域内共用消防设施是否维护管理：□是 □否 |
| 村（居）民委员会履行消防安全职责情况 | 1、消防安全管理人： □确定 □未确定<br>2、消防安全工作制度： □有 □无 □不全<br>3、防火安全公约： □有 □无 □不全<br>4、消防宣传教育： □开展 □未开展<br>5、防火安全检查： □开展 □未开展<br>6、消防水源、消防车通道、消防器材：□维护管理 □未维护管理<br>7、多种形式消防组织： □建立 □未建立 |
| 责令改正情况 | 制发的法律文书名称和编号：<br>下发《责令改正通知书》（编号：[ 20×× ] 第 ××××× 号），责令该单位于×月×日前改正完毕。 |
| 移送消防机构处理的内容 | 发现的下列第___/___项消防安全违法行为，移送________依法处理：<br>□1、建筑物未依法通过公安机关消防机构消防验收，擅自投入使用；<br>□2、建筑物未进行竣工验收消防备案；<br>□3、公众聚集场所未依法通过使用、营业前消防安全检查，擅自投入使用、营业。 |
| 备注 | |

一式两份，一份交被检查单位或村（居）民委员会，一份存档。

范例1-4-2

## 公安派出所日常消防监督检查记录

编号：[ 20××] 第×××××号

<table>
<tr><td>单位名称</td><td colspan="3">××物业管理公司</td><td>主要负责人</td><td>张××</td></tr>
<tr><td>地　　址</td><td colspan="3">××市×××区××大街××号</td><td>单位性质</td><td>企业</td></tr>
<tr><td>建筑面积</td><td>—</td><td>建筑层数</td><td>—</td><td>建筑高度</td><td>—</td></tr>
<tr><td>监督检查人员（签名）</td><td>王×、李×</td><td>单位随同检查人员（签名）</td><td>陈××</td><td>检查日期</td><td>×年×月×日</td></tr>
<tr><td colspan="6">检查内容和情况记录</td></tr>
<tr><td rowspan="3">单位履行消防安全职责情况</td><td>合法性</td><td colspan="4">1、建筑物通过消防验收：　□是　□否　文号______/______<br>2、建筑物竣工验收消防备案：□是　□否　文号______/______<br>3、1998年9月1日之前建筑：□是　□否<br>4、公众聚集场所通过投入使用、营业前消防安全检查：<br>□是　□否　文号______/______</td></tr>
<tr><td>消防安全管理</td><td colspan="4">1、消防安全制度：　□有　☑无　□不全<br>2、员工消防安全教育培训：□组织开展　☑未组织开展<br>3、防火检查：　□组织开展　☑未组织开展<br>4、灭火和应急疏散预案：　□有且组织演练　□有，未演练<br>□无且未演练　☑无，组织演练<br>5、生产、储存、经营易燃易爆危险品的场所与居住场所设置在同一建筑物内：<br>□是　□否<br>6、其他情况：</td></tr>
<tr><td>建筑防火</td><td colspan="4">1、消防车通道：　□无　☑畅通　□被堵塞、占用<br>2、疏散通道、安全出口：☑畅通　□堵塞　□锁闭<br>3、防火门：☑完好有效　□常闭式防火门常开　□损坏<br>4、疏散指示标志：　☑完好有效　□损坏　□缺少<br>5、应急照明：　□完好有效　☑损坏　□缺少<br>6、其他情况：</td></tr>
</table>

| | | |
|---|---|---|
| | 消防设施 | 1、室内消火栓：☑未设置　□完好有效<br>□损坏　□无水　□配件不齐<br>2、灭火器：□未配置　☑完好有效　□失效<br>3、建筑消防设施：☑定期组织维护保养并记录　□未定期组织维护保养<br>□无记录<br>4、物业服务企业对管理区域内共用消防设施是否维护管理：□是　☑否 |
| 村（居）民委员会履行消防安全职责情况 | | 1、消防安全管理人：　□确定　□未确定<br>2、消防安全工作制度：　□有　□无　□不全<br>3、防火安全公约：　□有　□无　□不全<br>4、消防宣传教育：　□开展　□未开展<br>5、防火安全检查：　□开展　□未开展<br>6、消防水源、消防车通道、消防器材：□维护管理　□未维护管理<br>7、多种形式消防组织：　□建立　□未建立 |
| 责令改正情况 | | 制发的法律文书名称和编号：<br>下发《责令改正通知书》（编号：[　20××　]第　×××××　号），责令该单位于×月×日前改正完毕。 |
| 移送消防机构处理的内容 | | 发现的下列第___/___项消防安全违法行为，移送________依法处理：<br>□1、建筑物未依法通过公安机关消防机构消防验收，擅自投入使用；<br>□2、建筑物未进行竣工验收消防备案；<br>□3、公众聚集场所未依法通过使用、营业前消防安全检查，擅自投入使用、营业。 |
| 备注 | | |

一式两份，一份交被检查单位或村（居）民委员会，一份存档。

范例1-4-3

## 公安派出所日常消防监督检查记录

编号：[ 20×× ] 第×××××号

| | | | | | |
|---|---|---|---|---|---|
| 单位名称 | ×××居民委员会 | | | 主要负责人 | 张×× |
| 地　　址 | ××市×××区××大街××号 | | | 单位性质 | — |
| 建筑面积 | — | 建筑层数 | — | 建筑高度 | — |
| 监督检查人员（签名） | 王×、李× | 单位随同检查人员（签名） | 赵×× | 检查日期 | ×年×月×日 |
| 检查内容和情况记录 | | | | | |
| 单位履行消防安全职责情况 | 合法性 | 1、建筑物通过消防验收：　□是　□否　文号______/______<br>2、建筑物竣工验收消防备案：□是　□否　文号______/______<br>3、1998年9月1日之前建筑：□是　□否<br>4、公众聚集场所通过投入使用、营业前消防安全检查：<br>□是　□否　文号______/______ | | | |
| | 消防安全管理 | 1、消防安全制度：　□有　□无　□不全<br>2、员工消防安全教育培训：□组织开展　□未组织开展<br>3、防火检查：　□组织开展　□未组织开展<br>4、灭火和应急疏散预案：　□有且组织演练　□有，未演练<br>□无且未演练　□无，组织演练<br>5、生产、储存、经营易燃易爆危险品的场所与居住场所设置在同一建筑物内：<br>□是　□否<br>6、其他情况： | | | |
| | 建筑防火 | 1、消防车通道：　□无　□畅通　□被堵塞、占用<br>2、疏散通道、安全出口：□畅通　□堵塞　□锁闭<br>3、防火门：□完好有效　□常闭式防火门常开　□损坏<br>4、疏散指示标志：　□完好有效　□损坏　□缺少<br>5、应急照明：　□完好有效　□损坏　□缺少<br>6、其他情况： | | | |

<table>
<tr><td></td><td>消防设施</td><td>1、室内消火栓：　□未设置　□完好有效<br>□损坏　□无水　□配件不齐<br>2、灭火器：　□未配置　□完好有效　□失效<br>3、建筑消防设施：□定期组织维护保养并记录　□未定期组织维护保养<br>□无记录<br>4、物业服务企业对管理区域内共用消防设施是否维护管理：□是　□否</td></tr>
<tr><td colspan="2">村（居）民委员会履行消防安全职责情况</td><td>1、消防安全管理人：　☑确定　□未确定<br>2、消防安全工作制度：　□有　□无　☑不全<br>3、防火安全公约：　☑有　□无　□不全<br>4、消防宣传教育：　☑开展　□未开展<br>5、防火安全检查：　□开展　☑未开展<br>6、消防水源、消防车通道、消防器材：□维护管理　☑未维护管理<br>7、多种形式消防组织：　☑建立　□未建立</td></tr>
<tr><td colspan="2">责令改正情况</td><td>制发的法律文书名称和编号：<br>责令×××居民委员会组织制定防火安全检查制度，并按时开展防火安全检查，加强消防水源、消防车通道、消防器材维护管理。</td></tr>
<tr><td colspan="2">移送消防机构处理的内容</td><td>发现的下列第＿＿/＿＿项消防安全违法行为，移送＿＿＿＿＿＿依法处理：<br>□1、建筑物未依法通过公安机关消防机构消防验收，擅自投入使用；<br>□2、建筑物未进行竣工验收消防备案；<br>□3、公众聚集场所未依法通过使用、营业前消防安全检查，擅自投入使用、营业。</td></tr>
<tr><td colspan="2">备　注</td><td>检查发现的问题及责令改正要求已经通知×××居民委员会主要负责人张××。</td></tr>
</table>

一式两份，一份交被检查单位或村（居）民委员会，一份存档。

范例1-4-4

××县公安局××派出所

**责令改正通知书**

编号：[20××]第×××××号

××××酒吧＿＿＿＿＿：

根据《中华人民共和国消防法》第五十三条的规定，我所于20××年××月××日对你单位进行消防监督检查，发现你单位有下列第1、2、3、4、8项消防安全违法行为，现责令改正：

☑1.未制定消防安全制度；

☑2.未组织防火检查；

☑3.未组织消防安全教育培训；

☑4.未组织消防演练；

□5.□占用、□堵塞、□封闭疏散通道、安全出口；

□6.□占用、□堵塞、□封闭消防车通道，妨碍消防车通行；

□7.□埋压、□圈占、□遮挡消火栓或者占用防火间距；

☑8.单位室内消火栓、灭火器、疏散指示标志和应急照明未保持完好有效；

□9.人员密集场所在外墙门窗上设置影响逃生和灭火救援的障碍物；

□10.违反消防安全规定进入生产、储存易燃易爆危险品场所；

□11.违章使用明火作业或者在具有火灾、爆炸危险的场所吸烟、使用明火；

□12.生产、储存和经营易燃易爆危险品的场所与居住场所设置在同一建筑物内；

□13.单位未对建筑消防设施定期进行维护保养。

（××县公安局××派出所印章）

二○××年××月××日

被检查单位签收：张××　　　　20××年××月××日

一式两份，一份交被检查单位，一份存档。

范例1–4–5

××县公安局××派出所

**移送案件通知书**

×公（消）行移字［20××］第×××××号

×××　公安消防大队：

我单位于 20×× 年 × 月 × 日受理了 群众举报投诉××歌舞厅未经消防安全检查合格擅自开业 一案，经审查，该案不属于我单位管辖，根据《公安机关办理行政案件程序规定》第 三十八 条第 一 款第 二 项规定，现移送你单位处理。

附：案卷材料共 2 页

其他文书和证据：无

（××县公安局××派出所印章）

二〇××年××月××日

交被移送单位

××县公安局××派出所

**移送案件通知书（回执）**

×公（消）行移字［20××］第×××××号

×××××　派出所：

你单位于 20×× 年 × 月 × 日以 ×公（消）行移字［20××］第×××××号文 移送我大队的 ××歌舞厅未经消防安全检查合格擅自开业案已收到。

收到案卷材料共 2 页

其他文书和证据：无

（××县公安局××派出所印章）

二○××年××月××日

交移送单位留存

## 第五节 社会单位消防安全“四个能力”建设

消防安全“四个能力”建设是落实社会单位消防安全主体责任的重要载体，是夯实社会火灾防控基础的有效抓手，是构建社会消防安全“防火墙”工程的首要任务。

### 一、“四个能力”建设主要内容

（一）检查消除火灾隐患能力，做到“消防安全自查、火灾隐患自除”。单位要确定消防安全管理人，具体负责本单位的消防安全管理；定期开展防火检查巡查，落实员工岗位消防责任；对检查发现的火灾隐患要立即消除，不能立即消除的，要制定整改方案，明确整改措施，落实整改资金，限时消除。

（二）组织扑救初起火灾能力，做到“火情发现早、小火灭得了”。依法应当建立专职消防队的企事业单位要建立专职消防队，其他单位要建立志愿、“保消合一”等多种形式的消防队。要结合单位实际，制定灭火和应急疏散预案并定期组织演练，确保一旦发生火情，员工能按职责分工及时到位、有效处置。消防控制室值班操作人员要持消防行业特有工种职业资格证书上岗，熟悉消防设备，并熟练掌握火警处置及启动消防设施设备的程序和方法。

（三）组织人员疏散逃生能力，做到“能火场逃生自救、会引导人员疏散”。员工普遍掌握火场逃生自救基本技能，熟悉逃生路线和引导人员疏散程序。单位要明确疏散引导人员，确保一旦发生火灾，能够及时组织在场人员安全疏散。

（四）消防宣传教育培训能力，做到“消防设施标识化、消防常识普及化”。消防设施器材要设置规范、醒目的标识，用文字或图例标明操作使用方法；重点部位、重要场所和疏散通道、安全出口要设置“提示”和“禁止”类消防标语。要落实消防教育培训制度，员工普遍达到“懂基本消防常识、懂消防设施器材使用方法、懂逃生自救技能，会查改火灾隐患、会扑救初起火灾、会组织人员疏散”的要求。

## 二、“四个能力”建设工作要求

（一）检查消除火灾隐患能力

1.单位应按下列要求开展防火检查巡查：

（1）单位消防安全责任人、消防安全管理人每月应至少组织一次防火检查；

（2）单位内设部门负责人每周应开展防火检查；

（3）单位每日应对消防安全重点部位进行防火巡查，员工每日应进行岗位防火检查。

2.单位及其内设部门组织开展防火检查应包括下列内容：

（1）消防安全制度、消防安全管理措施和消防安全操作规程的执行和落实情况；

（2）用火、用电有无违章；

（3）新建、改建、扩建及装修工程有无违章；

（4）疏散通道、安全出口和消防车通道是否畅通；

（5）消防设施、器材和消防水源是否完好；

（6）消防（控制室）值班人员值班情况，消防安全重点部位管理情况；

（7）灭火和应急疏散预案的制定与演练情况；

（8）员工消防知识掌握情况；

（9）防火巡查、火灾隐患整改及防范措施落实情况。

3.单位组织开展防火巡查应包括下列内容：

（1）用火、用电有无违章；

（2）疏散通道、安全出口是否畅通；

（3）消防设施器材、消防安全标志是否完好；

（4）重点部位员工在岗在位情况。

4.员工岗位防火检查应包括下列内容：

（1）用火、用电有无违章；

（2）疏散通道、安全出口是否畅通；

（3）消防器材、消防安全标志完好情况；

（4）场所有无遗留火种。

5.因工作需要确需动用明火时，单位消防安全管理部门应确定动火监护人，并进行下列内容的防火检查：

（1）是否办理动火许可证，动火操作人员是否具备动火资格，动火监护人是否在位；

（2）动火地点与周围建筑、设施等防火间距是否符合要求，动火地点附近四周是否有影响消防安全的物品；

（3）电焊电源、接地点是否符合防火要求；

（4）焊割具是否合格，燃气、氧气瓶是否符合安全要求，放置地点是否符合规定；

（5）动火期间的灭火应急措施是否落实。

6.单位消防安全责任人对火灾隐患整改负总责，消防安全管理人和消防工作归口管理职能部门具体负责督促落实火灾隐患整改工作。

7.发现火灾隐患应立即改正；不能立即改正的，发现人应向消防工作归口管理职能部门或消防安全管理人报告，消防工作归口管理职能部门或消防安全管理人应及时研究制定整改方案，确定整改措施、时限、部门和责任人，报消防安全责任人审批。

8.火灾隐患整改完毕后，消防安全管理人应组织验收，并将验收结果报告消防安全责任人。

（二）扑救初起火灾能力

1.单位消防安全责任人、消防安全管理人应组织制定灭火和应急疏散预案，并组织演练。

2.员工发现火灾应立即呼救、拨打“119”电话报警，起火部位现场员工应在1分钟内形成第一灭火力量，采取如下措施：

（1）火灾报警按钮或电话附近的员工，立即摁下按钮或拨电话通知消防控制室或值班人员；

（2）消防设施、器材附近的员工使用现场消火栓、灭火器等设施器材灭火；

（3）疏散通道或安全出口附近的员工引导人员疏散。

3.火灾确认后，单位消防控制室或单位值班人员应立即启动灭火和应急疏散预案，在3分钟内形成第二灭火力量，采取如下措施：

（1）通信联络组按照灭火和应急疏散预案要求通知员工赶赴火场，与公安消防队保持联络，向火场指挥员报告火灾情况，将火场指挥员的指令下达有关员工；

（2）灭火行动组根据火灾情况使用本单位的消防设施、器材扑救初起火灾；

（3）疏散引导组按分工组织引导现场人员疏散；

（4）安全救护组协助抢救、护送受伤人员；

（5）现场警戒组阻止无关人员进入火场，维持火场秩序。

（三）组织疏散逃生能力

1.员工应熟悉本单位疏散通道、安全出口，掌握疏散程序、逃生技能。

2.单位应根据本单位实际，配备相应的火场疏散逃生装备、器材。

3.单位应在每个楼层、疏散通道、安全出口明确疏散引导员，负责组织引导在场人员安全疏散。

4.火灾发生时，疏散引导员应通过喊话、广播等方式，按照灭火和应急疏散预案要求通知、引导火场人员正确逃生。

5.火灾无法控制时，单位火场总指挥应及时通知所有参加救援人员撤离。

（四）消防宣传教育能力

1.单位法定代表人或主要负责人、消防安全管理人应是消防安全明白人，应熟知以下内容：

（1）消防法律法规和消防安全职责；

（2）本单位火灾危险性和防火措施；

（3）依法应承担的消防安全行政和刑事责任。

2.单位应确定专（兼）职消防宣传教育人员，经过专业培训，具备宣传教育能力。

3.单位应利用展板、专栏、广播、电视、网络等形式开展消防宣传教育，在明显部位悬挂或张贴消防宣传标志。

4.员工上岗、转岗前，应经消防安全培训合格；对在岗人员每半年进行一次消防安全培训。

5.通过消防安全教育，员工应达到以下要求：

（1）熟悉消防法律法规；

（2）掌握消防安全职责、制度、操作规程、灭火和应急疏散预案；

（3）掌握本单位、本岗位火灾危险性和防火措施；

（4）掌握有关消防设施、器材操作使用方法；

（5）会报警、会扑救初起火灾、会疏散逃生自救。

6.单位应根据自身特点和有关标准设置以下消防安全标志或图示：

（1）消防设施标志，如：在消防设施、器材附近适当位置，用文字或图例标明名称和使用操作方法（见图1–24至1–27）；

图1-24 灭火器标志

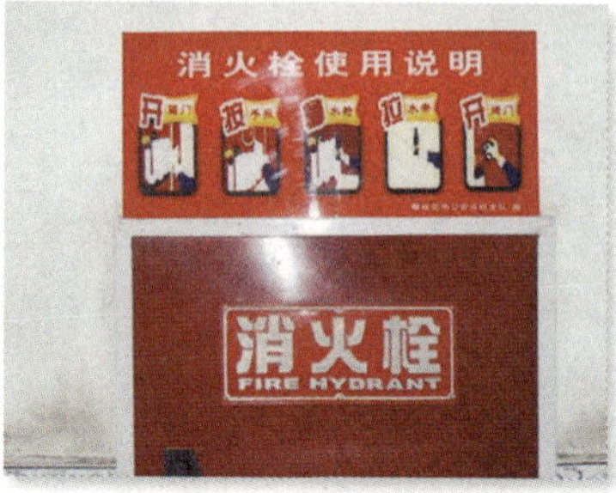


图 1-25 室内消火栓标志

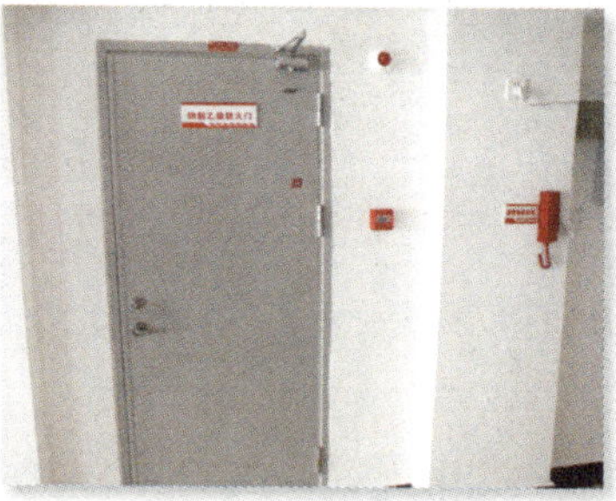

图1-26 防火门、报警电话标志

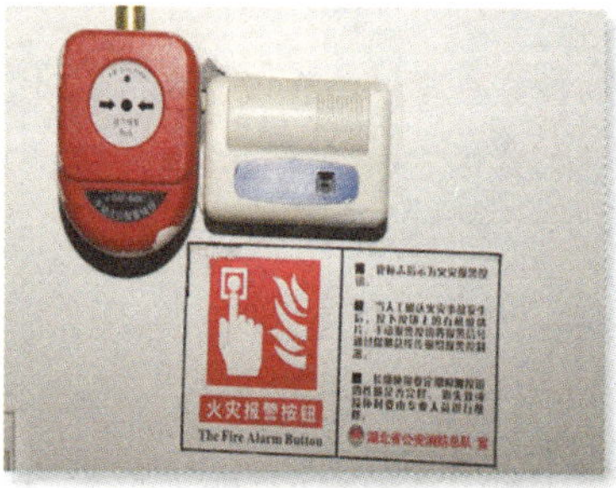


图 1-27 火灾报警按钮标志

（2）提示性标志，如：在显著位置设置单位总平面图，楼层、房间设置疏散指示图，设置“三提示”（火灾危险性、安全疏散通道、消防设施器材）标牌；疏散通道、安全出口按规定设置疏散指示标志（见图1-28至1-30）；

图 1-29 场所疏散指示图

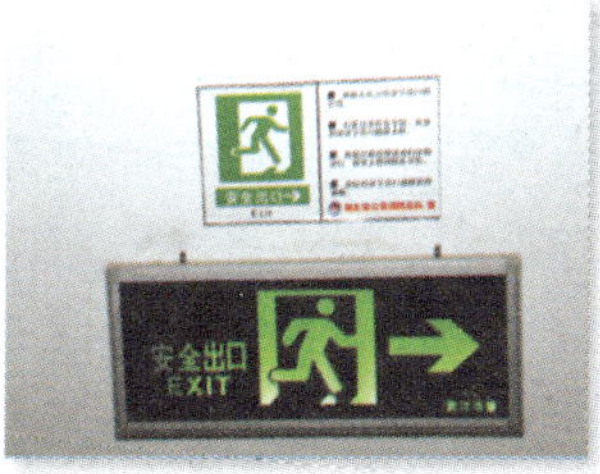


图 1-28 消防安全“三提示”标牌

图 1-30 疏散指示标志提示

（3）警示性标志，如：在危险场所或重点部位设置禁止性标志；防火卷帘下方设置禁止堆放物品提示标语等（见图1-31至1-33）。

图 1-31 常闭防火门禁开标志

图 1-32 火灾状态下禁止乘坐电梯标志

图 1-33 防火卷帘下禁放物品标志

7.人员密集场所应在主要出入口设置“消防安全告知书”和“消防安全承诺书”。在显著位置和每个楼层提示场所的火灾危险性，疏散通道、安全出口位置及逃生路线，消防器材的位置和使用方法。

### 三、“四个能力”建设检查评定

1.社会单位消防安全“四个能力”建设由单位对照标准自我评价合格后，向当地公安机关消防机构或公安派出所申报验收。各省应当结合实际制定具体评定标准。

2. 各地公安派出所对属于人员密集场所的一般单位“四个能力”建设进行检查指导应当突出“一懂三会”内容，可参照表1–5–1进行检查考评。

3.“四个能力”建设检查评定可按以下方式进行：

（1）组织评定人员对单位进行消防安全检查；

（2）对员工消防安全教育情况的评定，可随机提问员工；

（3）随机设定起火点组织灭火和应急疏散演练，查看处置初起火灾的情况；

（4）检查档案资料、记录；

（5）检查单位消防安全标志设置情况。

4.对“四个能力”建设验收达标的单位，公安机关消防机构和公安派出所应当继续加强指导，推广单位消防安全责任人管理人变更、消防设施维护保养、定期开展消防安全评价“三项申报”制度。

表1–5–1

## 属于人员密集场所的一般单位“四个能力”建设检查考评内容及评分参考标准

| 检查考评项目 | 检查考评内容 | 检查考评标准 | 检查考评方法 |
|---|---|---|---|
| 懂本场所火灾危险性（20分） | 单位或场所的法定代表人或主要负责人及员工明确消防安全职责，掌握本场所火灾危险性（5分）。 | ①未明确消防安全职责的扣2分；②根据现场提问情况，员工不掌握场所火灾危险性的，每发现1人扣1分，扣完为止。 | 员工在5人以上的，抽查5人；员工不足5人的，全数提问 |
| | 单位员工每日班前班后检查消防安全；公众聚集场所营业期间定时进行防火巡查（10分）。 | ①未开展检查巡查的，扣3分；②检查巡查发现火灾隐患未整改的，扣2分；③实地检查存在火灾隐患的，扣3分。 | 查看档案资料，实地检查 |
| | 单位或场所根据自身特点，在疏散通道、安全出口、消火栓、灭火器材等处设置提示性和警示性标语标识（5分）。 | 未按要求设置的，每发现一处扣1分。 | 现场检查 |
| 会报警（10分） | 员工熟练掌握向公安消防队报告火警的基本方法、内容和要求（10分）。 | 员工不能熟练掌握的，每发现1人扣1分。 | 员工在5人以上的，抽查5人；员工不足5人的，全数提问 |
| 会灭火（10分） | 员工掌握消火栓、灭火器等消防设施器材使用方法，掌握初起火灾扑救方法（10分）。 | 员工不能熟练掌握的，每发现1人扣1分。 | 员工在5人以上的，抽查5人；员工不足5人的，全数提问 |
| 会逃生（10分） | 营业期间保持疏散通道、安全出口畅通。（5分） | 疏散通道、安全出口不畅的，每发现1处扣2分。 | 现场检查 |
| | 员工掌握火场逃生自救基本技能，熟悉逃生路线和引导人员疏散程序（5分）。 | 员工不掌握逃生自救疏散技能的，每发现1人扣2分。 | 员工在5人以上的，抽查5人；员工不足5人的，全数提问 |

# 第二章 各类单位（场所）消防监督检查

公安派出所监督管理的单位（场所）一般规模相对较小，在开展日常消防监督检查时，除按照本书第一章第三节的检查内容和方法外，还应当结合各类单位（场所）的火灾危险性和有关消防安全规定，有针对性、有重点地开展监督检查。

## 第一节 公共娱乐场所消防监督检查

这里所指的公共娱乐场所，主要包括影剧院、录像厅、礼堂等演出、放映场所；舞厅、卡拉OK厅等歌舞娱乐场所；具有娱乐功能的夜总会、音乐茶座；游艺、游乐场所；保龄球馆、旱冰场、桑拿浴室等营业性健身、休闲场所。此外，还包括网吧、美容院、棋牌室、洗脚房，具有娱乐功能的茶馆、酒吧、咖啡厅，洗浴中心、健身房等场所。

### 一、公共娱乐场所的火灾危险性

（一）装饰装修可燃材料多

一些影剧院、礼堂的屋顶建筑构件采用木质结构，舞台幕布、道具、布景和地板为可燃物；观众厅吊顶和墙面为了满足音响效果，大多采用可燃材料装修；歌舞厅、卡拉OK厅、夜总会等场所，采用大量木材、塑料、纤维织品等易燃或可燃材料进行装饰装修，有的甚至储存和使用易燃易爆危险品，火灾荷载大，易发生火灾。

（二）用火、用电设备多

公共娱乐场所照明和电器设备多、功率大，如果使用不当，很容易造成电气线路过载、短路；夜总会、网吧等场所用电设备多，电气线路复杂；歌舞厅、卡拉OK厅、夜总会等场所吸烟现象较为普遍，有的为营造气氛，在营业时使用蜡烛照明，甚至燃放烟花，极易引发火灾。

（三）人员疏散难度大

公共娱乐场所人员密度大、流动性强，消费人员对场所环境不熟悉，一旦发生火灾，人员惊慌失措、争先逃生，易造成拥堵导致人员伤亡；一些场所外窗设置广告牌、铁栅栏等障碍物，影响逃生和救援。

## 二、公共娱乐场所有关消防安全规定

（一）公共娱乐场所不得设置在文物古建筑、博物馆、图书馆建筑内，不得毗连重要仓库或危险物品仓库；商住楼内的公共娱乐场所与居民住宅的安全出口应当分开设置；不得在居民住宅楼内改建公共娱乐场所。燃油或燃气锅炉、油浸电力变压器、充有可燃油的高压电容器和多油开关等用房受条件限制必须布置在民用建筑内时，不应布置在公共娱乐场所的上一层、下一层或贴邻，并应符合有关消防技术要求。

（二）公共娱乐场所安全出口处不应设置门槛、台阶、屏风等影响疏散的遮挡物；疏散门内外1.4米范围内不应设置踏步。疏散门应向疏散方向开启，不应采用卷帘门、转门、吊门、侧拉门。保持疏散通道、安全出口畅通，禁止占用疏散通道，不应遮挡、覆盖疏散指示标志。营业期间禁止将安全出口上锁，门窗不应设置影响逃生和灭火救援的障碍物。严禁带入和存放易燃易爆危险品，设置在地下的公共娱乐场所严禁使用液化石油气；严禁在营业时进行设备检修、电气焊、油漆粉刷等施工维修作业；严禁私拉乱接电线。

（三）公共娱乐场所内部装修顶棚应采用不燃材料，墙面、地面隔断应采用不燃或难燃材料；配电箱不应直接安装在可燃、易燃装修材料上；高温照明灯具、电源开关、插座、荧光灯等应安装在不燃材料上。

（四）公共娱乐场所应悬挂各种警示标识牌，如禁止吸烟、禁止使用明火、禁止燃放烟花爆竹、禁止存放易燃易爆危险品等。停止营业时，应当检查场所内有无遗留未熄灭的烟头等火种，确认安全后切断电源离开。

（五）公共娱乐场所可选用水型灭火器、ABC型干粉灭火器、泡沫灭火器。每个摆放点配置数量不应少于2具，不多于5具。

### 三、公共娱乐场所消防监督检查要点

对公共娱乐场所的消防监督检查主要依据《消防监督检查规定》和《公共娱乐场所消防安全管理规定》。重点检查以下内容：

（一）公共娱乐场所所在建筑是否依法通过消防验收或者竣工验收消防备案，营业前是否依法通过消防安全检查，场所的使用情况是否与消防验收或竣工验收消防备案时确定的使用性质相符。

（二）是否确定消防安全管理人员，定期开展防火检查巡查，组织消防培训和灭火逃生演练；员工是否懂本场所火灾危险性、是否会报火警、是否会扑救初起火灾、是否会组织人员疏散。

（三）场所内疏散通道是否畅通，营业期间安全出口是否锁闭；安全出口和疏散指示标志是否明显，应急照明是否完好有效。

（四）室内装饰装修是否使用易燃、可燃材料。

（五）室内消火栓箱内水枪、水带是否齐全、完好，是否被圈占或遮挡，消火栓是否有水；配备的灭火器种类和数量是否符合要求，是否有效。

## 第二节 旅店业场所消防监督检查

这里所指的旅店业场所，是指提供住宿、餐饮的宾馆、饭店、旅馆、旅社、招待所等场所。

### 一、旅店业场所的火灾危险性

（一）可燃物多

这类场所往往房间面积小，装饰装修复杂，并且房间隔断、内

部装修材料的燃烧性能低，多为木材、塑料、纺织品等有机可燃易燃材料，火灾荷载较大。发生火灾后，火势蔓延迅速。

（二）建筑消防安全条件差

有的宾馆、饭店、旅馆、旅社、招待所设在居民住宅区、交通枢纽、商业繁华地带，有的建筑年代较早，建筑耐火等级低，疏散通道狭窄、安全出口不足；有的在装修改造过程中随意在防火墙上开设门洞，破坏了原有的防火分隔；有的随意改变房间使用功能；有的缺乏必要的消防设施和器材，建筑消防安全条件先天不足。

（三）人员疏散困难

这类场所人员集中，住宿人员一般对建筑内的疏散通道、安全出口不熟悉，发生火灾后，有机可燃材料燃烧产生大量有毒烟气，人员惊慌失措，易造成群死群伤。

## 二、旅店业场所有关消防安全规定

（一）宾馆、旅馆等旅店业场所的每一个防火分区应设有独立的、通向地面的安全出口，一般不少于2个。安全出口处不应设置门槛、台阶、屏风等影响疏散的遮挡物；疏散门内外1.4米范围内不应设置踏步，疏散门应向疏散方向开启，不应采用卷帘门、转门、吊门、侧拉门。疏散通道、安全出口保持畅通，禁止占用疏散通道，不应遮挡、覆盖疏散指示标志。营业期间严禁将安全出口上锁，门窗不应设置影响逃生和灭火救援的障碍物。

（二）宾馆、旅馆的高温照明灯具、电源开关、插座、荧光灯等应安装在不燃材料上；客房内地毯、窗帘、墙纸等装饰材料，应经阻燃处理；场所内严禁私拉乱接电线。

（三）宾馆、旅馆等旅店业场所内应悬挂各种警示标牌，如禁止卧床吸烟、禁止使用明火、禁止存放易燃易爆危险品等；客房门背面应悬挂或张贴安全疏散示意图。

（四）宾馆、旅馆等旅店业场所可选用水型灭火器、ABC型干粉灭火器、泡沫灭火器。每个摆放点配置数量不应少于2具，不多于5具。

### 三、旅店业场所消防监督检查要点

对旅店业场所的消防监督检查主要依据《消防监督检查规定》和《人员密集场所消防安全管理》。重点检查以下内容：

（一）旅店业场所所在建筑是否依法通过消防验收或者竣工验收消防备案，营业前是否依法通过消防安全检查，场所的使用情况是否与消防验收或竣工验收消防备案时确定的使用性质相符。

（二）消防控制室是否24小时值班，设备操作人员是否经过消防专门培训，持证上岗；保安员、客房服务员、前台工作人员、厨房工作人员是否懂本场所火灾危险性、是否会报火警、是否会扑救初起火灾、是否会组织人员疏散。

（三）客房门背面是否张贴火灾时人员安全疏散示意图；疏散通道是否畅通，营业期间安全出口是否锁闭；安全出口和疏散指示标志是否明显，防火门、应急照明是否完好有效。

（四）室内消火栓箱内水枪、水带是否齐全、完好，是否被圈占或遮挡，消火栓是否有水；配备的灭火器种类和数量是否符合要求，是否有效。

## 第三节 餐饮业场所消防监督检查

这里所指的餐饮业场所，是指仅提供餐饮服务而不具有娱乐功能的小酒楼、小饭馆、小饮食店等。

### 一、餐饮业场所的火灾危险性

（一）用火用电多

餐饮业场所一般设有厨房、操作间，使用明火或电进行食品、菜品加工。燃料通常有天然气、液化石油气、煤气、煤油、柴油、煤碳等。营业期间，使用明火多，用电量大，容易引发火灾，还可能因燃气泄漏发生爆炸事故。

（二）建筑消防安全条件差

一些餐饮业场所建筑简易，耐火等级低，疏散通道狭窄，安全出口数量不足；有的在装修改造过程中随意分隔，擅自改变房间使用功能；有的没有配备必要的消防设施、灭火器材，场所抗御火灾能力较差。

（三）人员疏散难度大

消费人员对场所的疏散通道和安全出口不熟悉，有的为了增加营业面积，随意摆放就餐桌椅，占用疏散通道，堵塞安全出口，一旦发生火灾，人员疏散困难。

## 二、餐饮业场所有关消防安全规定

（一）餐饮业场所的安全出口处不应设置门槛、台阶、屏风等影响疏散的遮挡物；疏散门内外1.4米范围内不应设置踏步。疏散门应向疏散方向开启，不应采用卷帘门、转门、吊门、侧拉门。保持疏散通道、安全出口畅通，禁止占用疏散通道。营业期间禁止将安全出口上锁。餐厅应张贴或悬挂安全疏散示意图，在出入口、楼梯口、疏散走道、疏散门等部位应设灯光疏散指示标志。

（二）餐饮业场所厨房的气瓶组间应当单独设置，严禁与燃气灶具设置在同一房间内。营业场所内严禁存放充装液化石油气等易燃液体、气体的钢瓶，楼层厨房禁止使用液化石油气，煤气管道应从室外单独引入。餐饮业场所厨房的烟道应当定期清洗；厨房燃油、燃气管道应经常检查、保养。经营火锅的餐厅，宜使用电磁炉、固体酒精炉，不宜使用液体酒精炉、液化气炉。

（三）餐饮业场所内的配电箱不应直接安装在可燃、易燃装修材料上；高温照明灯具、电源开关、插座、荧光灯等应安装在不燃材料上；照明灯具的高温部位，当靠近易燃、可燃装修材料时，应采取隔热、散热等防火保护措施，灯饰应选用不燃、难燃材料；场所内严禁私拉乱接电线。

（四）餐饮业场所可选用水型灭火器、ABC型干粉灭火器、泡沫灭火器。每个摆放点配置数量不应少于2具，不多于5具。

### 三、餐饮业场所消防监督检查要点

对餐饮业场所的消防监督检查主要依据《消防监督检查规定》和《人员密集场所消防安全管理》。重点检查以下内容：

（一）厨房工作人员、餐厅服务员、收银员是否懂本场所火灾危险性、是否会报火警、是否会扑救初起火灾、是否会组织人员疏散。

（二）是否定期对厨房燃油、燃气管道和烟道进行清洗，用火、用电、用气、用油是否安全。

（三）餐厅内部装饰、桌椅摆放是否影响安全疏散，疏散通道是否畅通。

（四）配备的灭火器种类和数量是否符合要求，是否有效。

## 第四节 商业服务网点消防监督检查

这里所指的商业服务网点，是指为人们日常生活提供经营性服务的超市、商店、副食店、粮店、邮政所、储蓄所、理发店等小型商业服务用房。

### 一、商业服务网点的火灾危险性

（一）可燃商品多

超市、商店、粮店等商业服务网点除陈设在货架、柜台内的商品外，基本都设有小仓库，甚至在疏散通道上堆放商品，大多商品为可燃、易燃物品，有的甚至存放、经营油漆、烟花爆竹等易燃易爆危险品，易发生火灾。

（二）用火、用电设备多

有的商业服务网点安装了广告霓虹灯和灯箱，在商品橱窗和柜台内安装大量照明灯具；有的百货店（超市）、商店使用大功率冰箱、冰柜，有的副食品店加工熟食，用电荷载较大；有的寒冷地区的商店、理发店使用火炉取暖、烘烤毛巾、衣物，如果消防安全管理不到位，易引发火灾事故。

## 二、商业服务网点有关消防安全规定

（一）商业服务网点一般设置在居住建筑的首层或首层及二层，采用耐火极限不低于1.5小时的楼板和耐火极限不低于2小时且无门窗洞口的隔墙与居住部分及其他用房完全分隔，其安全出口、疏散楼梯与居住部分的安全出口、疏散楼梯分别独立设置。

（二）生产、储存、经营易燃易爆危险品的商业服务网点不得与居住场所设置在同一建筑物内，并应当与居住场所保持安全距离。

（三）商业服务网点营业厅主要疏散走道的净宽度不小于2米，其他疏散走道净宽度不小于1.5米。商业服务网点的安全出口处不应设置门槛、台阶、屏风等影响疏散的遮挡物；疏散门内外1.4米范围内不应设置踏步。疏散门应向疏散方向开启，不应采用卷帘门、转门、吊门、侧拉门。禁止占用疏散通道，营业期间禁止将安全出口上锁。

（四）商业服务网点的配电箱不应直接安装在可燃、易燃装修材料上；高温照明灯具、电源开关、插座、荧光灯等应安装在不燃材料上；照明灯具的高温部位，当靠近可燃物时，应采取隔热、散热等防火保护措施，灯饰应选用不燃、难燃材料。场所内严禁私拉乱接电线，严禁使用易燃液体、气体和使用明火。

（五）商业服务网点可选用水型灭火器、ABC型干粉灭火器、泡沫灭火器。每个摆放点配置数量不应少于2具，不多于5具。

## 三、商业服务网点消防监督检查要点

对商业服务网点的消防监督检查主要依据《消防监督检查规定》和《人员密集场所消防安全管理》。重点检查以下内容：

（一）营业员、服务员是否懂本场所火灾危险性、是否会报火警、是否会扑救初起火灾、是否会组织顾客疏散。

（二）用火、用电是否安全，是否储存、销售烟花爆竹、瓶装液化气等易燃易爆危险品。

（三）商品摆放、柜台设置是否影响安全疏散，安全出口和疏散指示标志是否明显。

（四）配备的灭火器种类和数量是否符合要求，是否有效。

## 第五节 医疗、养老服务场所消防监督检查

这里所指的医疗、养老服务场所，是指小型的卫生院、诊所及养老院、敬老院、福利院等提供医疗、养老服务的场所。

### 一、医疗、养老服务场所的火灾危险性

（一）易燃可燃物品多

医疗、养老服务场所的病房区、敬老院、福利院使用的床上用品、家具和生活用品基本都是可燃物品；卫生院、诊所的手术室、制剂室、药房存放使用乙醇、甲醇、苯、乙醚等易燃化学药剂，使用锅炉房、消毒锅、液氧罐等压力容器和设备，有时还需使用酒精灯、煤气灯等明火和电炉、烘箱等电热设备，如果操作使用不当，易引发火灾事故。

（二）疏散难度大

卫生院、诊所患者集中，敬老院、福利院老年人居多，病人或老人多行动不便，发生火灾后，场所内人员疏散难度较大。

（三）消防管理难度大

一些条件较差的敬老院、福利院等供电不正常，停电后使用蜡烛照明。有的老人卧床吸烟、乱扔烟头，一些农村养老院、敬老院使用火炉、火盆取暖，点蚊香驱蚊虫。个别老人自我控制能力较弱，情绪波动较大，易出现放火、玩火现象。有的护理人员责任心不强，不能有效控制火源，稍有疏忽就可能酿成火灾。

## 二、医疗、养老服务场所有关消防安全规定

（一）医疗、养老服务场所建筑耐火等级为三级时，老年人建筑和卫生院的住院部分不应超过二层或设置在三层及三层以上楼层或地下、半地下建筑（室）内。

（二）医疗、养老服务场所的高压氧舱应设置在耐火等级为一、二级的建筑内，并使用防火墙与其他部位分隔，但不应设置在地下室内。高压氧舱内的装饰材料应采用符合国家标准规定的不燃材料或难燃材料。供氧房宜布置在主体建筑的墙外，并远离气源、火源和易燃易爆源。液氧储罐不应设在地下室内，当其总容量不超过3立方米时，储罐间可单面贴邻建筑外墙建造，但应采用防火墙分隔。

（三）医疗、养老服务场所的病房、疏散走道等场所不得堆放可燃物品及其他杂物，不得加设床位；安全出口处不应设置门槛、台阶、屏风等影响疏散的遮挡物；疏散门内外1.4米范围内不应设置踏步；常闭式防火门应保持关闭状态，疏散门应采用向疏散方向开启的平开门，不应采用推拉门、卷帘门、吊门、转门。除医疗有特殊要求外，疏散门不得上锁。不得在窗口、阳台等部位设置影响疏散逃生的封闭式栅栏等设施。

（四）医疗、养老服务场所的配电箱不应直接安装在可燃、易燃装修材料上；高温照明灯具、电源开关、插座、荧光灯等应安装在不燃材料上；照明灯具的高温部位，当靠近可燃物时，应采取隔热、散热等防火保护措施，灯饰应选用不燃、难燃材料；场所内严禁私拉乱接电线；病房内严禁使用液化石油气罐。老年人宿舍内禁止使用电热毯、电炉等电加热或大功率用电设备。

（五）医疗、养老服务场所可选用水型灭火器、ABC型干粉灭火器、泡沫灭火器。每个摆放点配置数量不应少于2具，不多于5具。

## 三、医疗、养老服务场所消防监督检查要点

对医疗、养老服务场所的消防监督检查主要依据《消防监督检

查规定》和《人员密集场所消防安全管理》。重点检查以下内容：

（一）卫生院、诊所、养老院所在建筑是否依法办理消防验收或者竣工验收消防备案手续。

（二）是否确定消防安全管理人员，定期开展防火检查巡查；医生、护士、保安员、护理员是否懂本场所火灾危险性、是否会报火警、是否会扑救初起火灾、是否会组织人员疏散。

（三）床位设置、物品摆放是否影响安全疏散，卫生院、诊所的门诊厅、病房区和养老院的老年人活动场所在使用期间安全出口是否锁闭；安全出口和疏散指示标志是否明显，应急照明是否完好有效。

（四）室内消火栓箱内水枪、水带是否齐全、完好，是否被圈占或遮挡，消火栓是否有水；配备的灭火器种类和数量是否符合要求，是否有效。

## 第六节 中、小学校消防监督检查

### 一、中、小学校的火灾危险性

（一）部分建筑消防安全条件差

早期建设的中、小学校校舍，有的采用砖木结构，耐火等级低，消防通道不畅，防火间距不足，防火分隔设施和消防设施欠缺，电气线路陈旧老化。特别是一些农村偏远地区的中、小学校校舍，建筑材料大量采用木料，有的寄宿制学校不具备学生住宿的安全条件。

（二）学生宿舍违规用火、用电

有的学生宿舍违章用电，乱拉乱接电气线路现象突出，有的使用电热器具，如电热杯、电炉、电饭煲、电吹风、“热得快”等，极易引发电气故障；有的使用煤油炉、酒精炉，有的北方地区和农村地区的学校采用明火取暖，有的学生在宿舍内使用蜡烛照明、蚊香驱虫，容易引发火灾。

（三）人员疏散难度大

中、小学校人员密集，作息时间统一，上课时教室内人员集中，下课时走道和楼梯拥挤；有的学生宿舍安装防护栏；有的学校为加强管理，在学生就寝后将安全出口锁闭，一旦发生火灾或其他紧急情况，容易造成人员伤亡。

## 二、中、小学校有关消防安全规定

（一）中、小学校砖木结构的建筑物不应超过二层，木结构的建筑物不应超过一层；学校厨房与其他部位应当采取不燃烧体墙分隔。

（二）学校的教室、图书室、食堂、学生宿舍、体育场馆、会堂等人员密集场所，不得在窗口、阳台等部位设置影响疏散逃生的封闭式栅栏等设施。教室、学生宿舍的楼梯间和安全出口等消防通道内不得堆放杂物。

（三）学生宿舍内不得随意乱接电线，不得擅自增加用电设备；不应使用明火照明或取暖，确需使用的，应有专人看护。

（四）学校可选用水型灭火器、ABC型干粉灭火器、泡沫灭火器。每个摆放点配置数量不应少于2具，不多于5具。

## 三、中、小学校消防监督检查要点

对中、小学校的消防监督检查主要依据《消防监督检查规定》和《人员密集场所消防安全管理》。重点检查以下内容：

（一）中、小学校建筑是否依法通过消防验收或者竣工验收消防备案。

（二）是否落实消防安全管理人员，定期开展防火检查巡查；是否将消防安全知识纳入日常教学内容；保安员、教师、食堂工作人员、宿舍管理员是否懂本场所的火灾危险性、是否会报火警、是否会扑救初起火灾、是否会组织学生疏散。

（三）集体宿舍用火、用电是否安全；学校化学实验室危险化学品存储及实验操作过程是否符合安全规定。

（四）教室、图书室、体育场馆、学生宿舍、食堂的桌椅设置、物品摆放是否影响安全疏散；会堂、体育场馆、教室、图书室在使用期间安全出口是否锁闭，学生就寝后宿舍安全出口是否锁闭；防火门是否完好有效；安全出口和疏散指示标志是否明显，应急照明是否完好有效。

（五）室内消火栓箱内水枪、水带是否齐全、完好，是否被圈占或遮挡，消火栓是否有水；配备的灭火器种类和数量是否符合要求，是否有效。

## 第七节 托儿所、幼儿园消防监督检查

### 一、托儿所、幼儿园的火灾危险性

（一）部分建筑消防安全条件差

有的托儿所、幼儿园设置在居民住宅内，有的设置在简易建筑内，有的由其他性质建筑改建，建筑耐火等级低，消防通道窄，安全出口不足，缺少必要的消防设施器材，一旦发生火灾，极易造成人员伤亡。

（二）可燃易燃物品多

托儿所、幼儿园的桌椅、板凳、床、玩具、被褥等多为易燃、可燃物品。

（三）人员疏散困难

托儿所、幼儿园的生活群体主要为儿童，判断、应变和自救能力差，发生火灾时，容易恐慌、混乱，稍有处置不当，就可能造成严重后果。

### 二、托儿所、幼儿园有关消防安全规定

（一）托儿所、幼儿园的儿童用房和儿童游乐室等儿童活动场所宜设置在独立的建筑内。当必须设置在其他建筑内时，必须自成

一个独立的防火分区，采用不燃烧体隔墙、楼板、防火门窗与其他部位隔开，并设置独立完备的安全疏散系统；当设置在高层建筑内时，应设置在建筑物的首层或二、三层。工矿企业所设的托儿所、幼儿园应当布置在生活区，远离生产厂房和仓库。

（二）建筑耐火等级为四级或三级时，幼儿园、托儿所的相应层数分别不应超过一层、二层；建筑耐火等级不低于二级时，托儿所、幼儿园不应超过三层。

（三）儿童活动场所安全出口不应少于两个。幼儿安全疏散和经常出入的通道上，不应设有台阶。疏散楼梯间应有直接天然采光，楼梯不宜采用螺形或扇形踏步，楼梯除设成人扶手外，并在靠外墙一侧设幼儿扶手。

（四）不得在儿童活动场所外墙窗口、阳台等部位设置影响疏散逃生的封闭式栅栏等设施。

（五）严禁在儿童活动场所、寝室内使用电炉、电熨斗等电气设备，严禁乱拉乱接电线；使用其他电热、取暖设备应符合相关安全规定，并加强日常用火用电管理。

（六）托儿所、幼儿园可选用水型灭火器、ABC型干粉灭火器。每个摆放点配置数量不应少于2具，不多于5具。

## 三、托儿所、幼儿园消防监督检查要点

对托儿所、幼儿园的消防监督检查主要依据《消防监督检查规定》和《人员密集场所消防安全管理》。重点检查以下内容：

（一）托儿所、幼儿园建筑是否依法通过消防验收或者竣工验收消防备案。

（二）是否明确消防安全管理人员，定期开展防火检查巡查；是否对儿童开展消防知识启蒙教育；保安员、教师、保育员是否懂本场所火灾危险性、是否会报火警、是否会扑救初起火灾、是否会组织幼儿疏散。

（三）用火、用电、用气、用油是否安全。

（四）教室、活动室、寝室的桌椅设置和物品摆放是否影响安全疏散，室内儿童活动场所在使用期间安全出口是否锁闭；安全出口和疏散指示标志是否明显，应急照明是否完好有效。

（五）配备的灭火器种类和数量是否符合要求，是否有效。

## 第八节 生产加工企业、家庭小作坊消防监督检查

这里所指的生产加工企业、家庭小作坊，是指专门生产制造纺织、服装、鞋帽、玩具、食品等产品的小型场所。

### 一、生产加工企业、家庭小作坊的火灾危险性

（一）部分建筑消防安全条件差

一些生产加工企业、家庭小作坊利用住宅或出租房屋从事生产加工，宿舍与生产、库房往往设在同一建筑内，有的还是违章建筑，耐火等级低，安全出口数量不足，未进行防火防烟分区，缺乏必要的消防设施器材。有的业主为方便管理，用铁栅栏将窗户、通向屋面的通道封锁，造成先天性火灾隐患。

（二）致灾因素多

一些生产加工企业、家庭小作坊为满足生产需求，用铜丝代替保险丝，私拉乱接电气线路，擅自动用明火作业；有的在加工间、库房内堆放大量易燃可燃原料和产品，发生火灾时蔓延迅速，散发大量有毒气体。

（三）人员疏散困难

一些生产加工企业、家庭小作坊只注重经济效益，忽视消防安全，原料和成品占用、堵塞疏散通道，锁闭安全出口，一旦发生火灾，人员难以在短时间内有效疏散，极易造成伤亡。

### 二、生产加工企业、家庭小作坊有关消防安全规定

（一）生产加工企业、家庭小作坊的车间、厂房应独立设置，车

间、厂房内严禁设置员工宿舍；当员工宿舍与车间、厂房设置在同一建筑时，应采取防火分隔措施，并有独立的疏散通道和安全出口。

（二）生产车间、厂房内应保持疏散通道畅通，通向安全出口的主要疏散走道的净宽不小于2米，其他疏散走道净宽不小于1.5米。

生产车间、厂房的安全出口应分散布置，且不应少于2个；当符合以下条件时，可设置1个安全出口：甲类厂房每层建筑面积小于等于100平方米，且同一时间的生产人数不超过5人；乙类厂房每层建筑面积小于等于150平方米，且同一时间的生产人数不超过10人；丙类厂房每层建筑面积小于等于250平方米，且同一时间的生产人数不超过20人；丁、戊类厂房每层建筑面积小于等于400平方米，且同一时间的生产人数不超过30人；地下室、半地下室厂房或厂房的地下室、半地下室，其建筑面积小于等于50平方米，且经常停留人数不超过15人。

（三）生产过程中的原料、半成品、成品应集中摆放，机电设备周围0.5米范围内不得堆放可燃物；生产加工中使用电熨斗等电加热器具时，应固定使用地点，并采取可靠的防火措施；车间、厂房、员工宿舍不应擅自拉接电气线路、设置炉灶。

（四）建筑占地面积大于300平方米的厂房（仓库）应设室内消火栓。生产加工企业、家庭小作坊可选用水型灭火器、ABC型干粉灭火器、泡沫灭火器。每个摆放点配置数量不应少于2具，不多于5具。

### 三、生产加工企业、家庭小作坊消防监督检查要点

对生产加工企业、家庭小作坊的消防监督检查主要依据《消防监督检查规定》和《人员密集场所消防安全管理》。重点检查以下内容：

（一）生产加工企业建筑是否依法通过消防验收或者竣工验收消防备案手续。

（二）是否确定消防安全管理人员，定期开展防火检查巡查，

组织消防培训和灭火逃生演练；生产工人、保安员是否懂本场所火灾危险性、是否会报火警、是否会扑救初起火灾、是否会火场逃生自救。

（三）生产、加工建筑内是否设有员工集体宿舍，用火、用电是否安全。

（四）生产、加工建筑内物品摆放、操作台设置是否影响安全疏散；生产期间安全出口是否锁闭，员工就寝后宿舍安全出口是否锁闭；安全出口和疏散指示标志是否明显。

（五）室内消火栓箱内水枪、水带是否齐全、完好，是否被圈占或遮挡，消火栓是否有水；配备的灭火器种类和数量是否符合要求，是否有效。

## 第九节 仓储场所消防监督检查

### 一、仓储场所的火灾危险性

（一）建筑消防安全条件差

一些仓储场所由其他性质的建筑改建，有的利用住宅、地下室、车库作为仓储场所，有的在仓储场所内设置办公、休息场所，形成典型的合用场所。

（二）易燃可燃物品多

有的仓储场所储存大量易燃可燃物品，储存物品种类繁多，有的物品混合存放，堆垛与堆垛、墙壁、灯具之间的安全距离不足，发生火灾时蔓延迅速且不易扑救。

（三）违规用火、用电

一些仓储场所的管理人员缺乏消防安全常识，违反电气安全管理、操作规程，随意搭接电线，使用电器取暖，使用高温照明灯具，有的还擅自使用明火照明或在仓储场所使用明火烧水做饭，极易引发火灾。

## 二、仓储场所有关消防安全规定

（一）仓库内严禁设置员工宿舍；确需设置办公室、休息室的，应当采用不燃烧体隔墙、楼板与库房隔开，并设置独立的安全出口。仓库的安全出口应分散布置，且不少于2个。当仓库的占地面积小于等于300平方米，或地下、半地下仓库建筑面积小于等于100平方米时，可设置1个安全出口。

（二）仓储场所库存物资每垛占地面积不宜大于100平方米，垛与垛的间距不少于1米，垛与墙的间距不少于0.5米，垛与梁、柱的间距不少于0.3米，主要通道宽度不少于0.3米，垛与灯具垂直下方的间距不少于0.5米。

（三）仓库内敷设的配电线路，需穿金属管或用非燃硬塑料管保护，严禁随意拉接电线；仓库区应当设置醒目的禁火标志，库房内严禁吸烟和使用明火，确需动火作业的，应当办理动火手续，并指定专人进行监护。库房以及周围50米内，严禁燃放烟花爆竹。

（四）储存可燃物品的仓库，不得使用碘钨灯和超过60W以上的白炽灯等高温照明灯具；库房内不准设置移动式照明灯具。

（五）建筑面积大于300平方米的仓库，应当设置室内消火栓。仓储场所可选用水型灭火器、ABC型干粉灭火器、泡沫灭火器。每个摆放点配置数量不应少于2具，不多于5具。

## 三、仓储场所的消防监督检查要点

对仓储场所的消防监督检查主要依据《消防监督检查规定》和《仓库防火安全管理规则》。重点检查以下内容：

（一）仓储建筑是否依法通过消防验收或竣工验收消防备案。

（二）是否明确消防安全管理人员，定期开展防火检查；保管员是否懂本场所火灾危险性、是否会报火警、是否会扑救初起火灾、是否会火场逃生自救。

（三）仓库物资堆放是否影响安全疏散，疏散通道是否畅通。

（四）用火、用电是否安全。

（五）室内消火栓箱内水枪、水带是否齐全、完好，是否被圈占或遮挡，消火栓是否有水；配备的灭火器种类和数量是否符合要求，是否有效。

## 第十节 废品收购站消防监督检查

这里所指的废品收购站，是指专门对废弃电器、纸张、衣物、家具、瓶罐等物资进行有偿回收的场所。

### 一、废品收购站的火灾危险性

（一）易燃可燃物资多

废品收购站回收的物品种类繁多，物品性质不同，存储量大，纸张、衣物、沙发、家具、泡沫塑料等属易燃可燃物品，堆放混乱，加之废品收购站建筑一般耐火等级低，消防安全条件差，一旦发生火灾会迅速蔓延且不易扑救，燃烧时还会散发大量有毒气体。

（二）部分废弃瓶罐存在爆炸危险

废弃的液化气钢瓶、乙炔瓶、氧气瓶等易燃易爆危险品储罐，因容器内残留有危险物品，存在爆炸危险性。特别是在露天高温条件下，在装卸碰撞挤压时，或在罐体切割过程中，容易引起燃烧爆炸。

（三）违规用火、用电

有的废品收购站在物品堆放区域随意建造、搭建办公或居住一体的建筑，私拉乱接电线，使用高温照明灯具，使用明火做饭，极易引发火灾。有的废品收购站内配有粉碎机、压缩机、切割机等设备，在废品粉碎、压缩过程中，容易产生火花，引起火灾。

### 二、废品收购站有关消防安全规定

（一）废品收购站应当根据回收物资的不同性质分类堆放，储存区、加工区、生活区应当分开设置，严格用火用电管理，严禁违章搭建、私拉乱接电线。

（二）废品收购站内使用粉碎机、压缩机、切割机等设备加工作业，应当严格遵守安全操作规程。

（三）回收的易燃易爆物资及罐体不得存放在地下室或者半地下室。

（四）可燃易燃废旧物资堆放区域内应当设置醒目的禁火标志。

（五）废品收购站可选用水型灭火器、ABC型干粉灭火器、泡沫灭火器。每个摆放点配置数量不应少于2具，不多于5具。

### 三、废品收购站消防监督检查要点

对废品收购站的消防监督检查主要依据《消防监督检查规定》。重点检查以下内容：

（一）是否明确消防安全管理人员，定期开展防火检查巡查；工作人员是否懂本场所火灾危险性、是否会报火警、是否会扑救初起火灾、是否会火场逃生自救。

（二）回收易燃易爆危险品的废品收购站内是否有人居住。

（三）用火、用电是否安全。

（四）配备的灭火器种类和数量是否符合要求，是否完好有效。

## 第十一节 居民住宅区物业服务企业消防监督检查

这里所指的居民住宅区物业服务企业，是指依法设立、具有独立法人资格，从事居民住宅区物业管理服务活动的企业。

### 一、居民住宅区的火灾危险性

（一）建筑数量多，使用功能复杂

随着社会发展和城镇化程度加快，居民住宅区内的多层、高层住宅（商住）楼数量呈现逐步增多的趋势，居民住宅区内设有幼儿园、诊所、商店、理发店、饮食店等服务配套设施。

（二）消防设施维护管理差

一些建设年代较早的居民住宅区，没有设置消火栓；一些设有消防设施的住宅，由于维护管理不到位，消火栓被圈占、遮挡，消火栓配件丢失、损坏等现象普遍，一旦发生火灾，不能有效发挥作用。

（三）堵塞通道，疏散困难

一些居民住宅区的建筑与建筑之间，安全距离不足，一些业主在住宅区内道路上随意停放车辆，堵塞消防车通道；有的住宅楼疏散楼梯堆放物品，影响人员疏散。

## 二、物业服务企业有关消防安全规定

（一）物业服务企业在做好共用消防设施维护管理的同时，还应开展多种形式的消防宣传工作，定期组织开展消防演练，提高居民消防安全意识和逃生能力。

（二）居民住宅区物业服务企业从事自动消防系统操作的工作人员，应当经过消防专门培训，持证上岗。

（三）住宅与附建公共用房的出入口应分开布置，生产、储存、经营易燃易爆危险品的场所不应与居住场所设置在同一建筑物内。

（四）物业服务企业管理区域内的共用消防设施一般包括室外消火栓、消防水池、消防水泵房及室外灭火器材等。物业服务企业应通过定期维护保养，保证室外消火栓有明显标志，不被圈占或遮挡；室外消火栓专用板手、闷盖、消防水带、水枪等配件齐全，栓口完好，接口垫圈完整，消火栓水量水压充足。消防水池的水质、水量满足要求。室外灭火器材应在固定地点放置，摆放整齐，完好有效。

## 三、居民住宅区物业服务企业消防监督检查要点

对居民住宅区物业服务企业的消防监督检查主要依据《消防监督检查规定》。重点检查以下内容：

（一）是否明确消防安全管理人员，定期开展防火检查巡查，对员工进行消防培训，组织居民开展灭火逃生演练；企业的保安员、保洁员、维修人员是否懂本场所火灾危险性、是否会报火警、

是否会扑救初起火灾、是否会组织居民疏散。

（二）消防车通道是否畅通；建筑内疏散通道是否畅通，安全出口是否锁闭，防火门是否完好有效。

（三）是否对共用消防设施进行维护管理，住宅区内消火栓箱内水枪、水带是否齐全、完好，是否被圈占或遮挡，消火栓是否有水；配备的灭火器种类和数量是否符合要求，是否有效。

## 第十二节 居住出租房屋消防监督检查

这里所指的居住出租房屋，是指房屋业主出租给承租人专门用于居住的房屋。不包括旅店业客房、廉租房、公共租赁房屋。

### 一、居住出租房屋的火灾危险性

（一）用可燃材料分隔

出租房屋“群租”现象普遍。房屋出租者为获得更大利润，对出租房间进行多次分隔，形成多个狭小空间，分租给不同住户，致使一个房间多人租住，有的一个房间内同时租住几十人。房屋出租者一般采用木夹板、三合板等可燃材料对房间进行分隔，一旦发生火灾，火势蔓延迅速。

（二）用火用电多

出租房屋的居住人员成分复杂，流动性大，消防安全意识差。房屋内动用明火多，如使用液化气罐做饭，随意抽烟；私拉乱接电线，使用电炉、电暖气、电热毯等电器设备，有的外来务工人员甚至在租住的房屋内进行零配件加工，稍有不慎，易引发火灾。

### 二、居住出租房屋有关消防安全规定

（一）居住出租房屋应当设置在一、二级耐火等级的建筑中。设置在三、四级耐火等级建筑中时，应当遵守当地政府或公安机关消防机构的相关要求。

（二）居住出租房屋与生产、储存、经营其他物品的场所设置

在同一建筑物内的，居住部分与非居住部分应进行防火分隔，并设置独立的楼梯等疏散设施；其防火分隔措施应采用耐火极限不低于2小时的隔墙和耐火极限不低于1.5小时的楼板，当墙上确需开门时，应为不低于乙级的常闭防火门。

（三）居住出租房屋内的公共疏散走道和疏散楼梯净宽度不宜小于1.1米，疏散楼梯宜通至屋顶平台；疏散通道和安全出口应保持畅通，严禁在通道、出口处堆放物品影响疏散；出租房屋的窗户或阳台不得设置金属栅栏，当必须设置时，应当能从内部易于开启。

（四）居住出租房屋除厨房外，不应使用、存放液化石油气罐等易燃可燃液体储罐。使用、存放液化石油气罐的厨房应当采取分隔措施，并设置自然排风窗。

（五）居住出租房屋所在建筑公共部位建筑面积每层不超过100平方米的，每层配备不少于2具灭火器；每增加100平方米，增配1具灭火器。

### 三、居住出租房屋消防监督检查要点

对居住出租屋的消防监督检查主要依据《消防监督检查规定》。重点检查以下内容：

（一）居住人员是否掌握必要的消防常识，是否会扑救初起火灾，是否会逃生。

（二）居住出租房屋的安全出口是否锁闭，疏散通道是否畅通。

（三）用火、用电、用气、用油是否安全。

（四）配备的灭火器种类和数量是否符合要求，是否有效。

## 第十三节 村民委员会、居民委员会消防监督检查

### 一、村（居）民委员会消防管理工作特点

（一）管理的自主性

农村、社区建设是以村（居）民委员会为基本单元开展的，

基本特征是让村（居）民自主管理自己的事务。村（居）民委员会利用法律赋予的权利，按照群众意愿自主发展、自我管理，按国家政策法规做好相关工作，为依法行政、落实管理目标创造有利条件，实现国家管理与基层社会的良性互动。村（居）民委员会消防工作依靠基层群众，尊重群众意愿，重视和发挥群众组织的自主管理作用。

（二）管理的群众性

村（居）民委员会消防安全管理的目标就是要充分调动村（居）民的积极性，依靠自身力量，对农村、社区公共消防事务实施自我管理。组织和动员单位、群众广泛参与，挖掘社会资源，整合社会力量，维护消防安全，实现农村、社区消防“自我管理，自我教育，自我服务，自我提高”，达到有效预防和控制火灾的目的。

（三）管理的复杂性

农村、社区消防宣传教育培训相对薄弱，村（居）民消防安全意识比较淡薄，自防自救能力较差。加之村（居）民委员会不具备行政执法权，一些居民群众不配合、不支持消防安全管理工作，致使消防宣传教育、火灾隐患整改难以落实，农村、社区消防基础建设欠账较多，消防工作困难多、任务艰巨。

## 二、村（居）民委员会消防监督检查要点

对村（居）民委员会的消防监督检查主要依据《消防监督检查规定》。重点检查以下内容：

（一）消防安全网格化管理落实情况，是否明确村民委员会、居民委员会主任是网格中消防工作的第一责任人；是否确定消防专兼职管理人员，具体负责本级消防安全网格化管理日常工作，是否组织建立防火安全公约，开展经常性防火检查巡查、消防宣传教育和组织扑救初起火灾。

（二）村民、居民对消防安全知识的掌握情况，是否会报火

警、会扑救初起火灾、会逃生。

（三）消防设施维护管理情况，查阅有关记录，查看、测试消防水源、消防车通道、消防器材是否完好有效。

（四）多种形式消防队伍建立情况，查阅有关文件资料，抽查保安消防队、巡防队队员对岗位职责和消防常识的掌握情况，检查村民委员会、居民委员会是否建立多种形式消防组织并开展训练、演练。

## 三、需要注意的问题

（一）对村（居）民委员会的监督检查，应当突出公安派出所消防监督管理工作的指导职能，指导村（居）民委员会开展消防工作。

（二）村（居）民委员消防安全管理人一般由村（居）民委员会负责人或治安保卫委员会负责人担任，负责组织制定防火安全公约，建立消防安全多户联防制度，组建保安消防队、巡防队等群众性消防组织，开展消防宣传教育，组织防火安全检查，及时消除火灾隐患。

（三）村民委员会、居民委员会一般每月对居民楼院（小区）、村组和沿街门店、家庭式作坊等小单位、小场所开展一次排查。

（四）农村、社区应保持消防车通道畅通，不得设置固定栏杆、隔离桩，不得堆放土石、柴草等影响消防车通行的障碍物。

（五）鼓励村民、居民根据家庭情况配置必要的家用灭火器和逃生器材。

（六）农村村民住宅与草垛应当分离，草垛在安全地带集中存放；耐火等级低的连片村寨应当设置防火隔离带。

# 第三章 消防行政处罚

消防行政处罚是实现消防行政法律责任的重要表现形式，是公安派出所实现消防监督管理，保障消防法律法规实施，维护公共消防安全的重要手段。公安派出所办理消防行政处罚案件，既要遵守消防法律、法规、规章，也要遵守《行政处罚法》、《公安机关办理行政案件程序规定》的有关规定。

## 第一节 消防行政处罚管辖范围及案由

本节重点介绍消防行政处罚的管辖范围、公安部确定的51种消防行政处罚案由及法律适用。公安派出所是否办理消防行政处罚案件，应当按照各省、自治区、直辖市的规定执行。

### 一、消防行政处罚的管辖范围

公安派出所对消防监督检查中发现的违反消防法律法规行为，一般移交当地公安机关消防机构依法查处。地方性法规授权公安派出所实施消防行政处罚的，被授权的公安派出所在授权范围内以自己名义实施，相关法律文书加盖公安派出所印章；公安机关消防机构根据有关规定委托公安派出所实施消防行政处罚的，公安派出所以委托的公安机关消防机构名义实施，相关法律文书加盖公安机关消防机构印章。对给予行政拘留处罚的，由县级以上公安机关依照《治安管理处罚法》的有关规定依法决定。

### 二、消防行政处罚案件来源

（一）消防监督检查中发现应当依法实施消防行政处罚的违法行为。

（二）消防监督检查中存在依法应当限期改正，但到期未整改的违法行为。

（三）举报投诉经现场核查属实，应当实施消防行政处罚的违法行为。

### 三、消防行政处罚案由

按照《消防法》的规定，结合《消防监督检查规定》对公安派出所开展日常消防监督检查的要求，在授权或者委托范围内办理消防行政案件涉及的案由（即消防安全违法行为的名称）可归纳为《消防安全违法行为行政处罚一览表》（见表3–1–1）。在实际执行中，各地地方性消防法规、规章设定了其他消防行政处罚案由的，按照当地规定执行。

表3-1-1

## 消防安全违法行为行政处罚一览表

| 编号 | 分类 | 案由 | 法律依据 | 处罚依据 | 行政处理 | 行政处罚 | | 备注 |
|---|---|---|---|---|---|---|---|---|
| | | | | | | 责令“三停”、拘留 | 警告、罚款（元） | |
| 1 | 建设工程程序类 | 未经消防设计审核擅自施工 | 第12条 | 第58条第1款第1项 | | 责令停止施工 | 30000~300000 | |
| 2 | | 消防设计审核不合格擅自施工 | 第12条 | 第58条第1款第1项 | | 责令停止施工 | 30000~300000 | |
| 3 | | 消防设计抽查不合格不停止施工 | 第12条 | 第58条第1款第2项 | | 责令停止施工 | 30000~300000 | |
| 4 | | 未经消防验收擅自投入使用 | 第13条第2款 | 第58条第1款第3项 | | 责令停止使用 | 30000~300000 | |
| 5 | | 消防验收不合格擅自投入使用 | 第13条第2款 | 第58条第1款第3项 | | 责令停止使用 | 30000~300000 | |
| 6 | | 投入使用后抽查不合格不停止使用 | 第13条第2款 | 第58条第1款第4项 | | 责令停止使用 | 30000~300000 | |
| 7 | | 未经消防安全检查擅自投入使用、营业 | 第15条第2款 | 第58条第1款第5项 | | 责令停止使用<br>责令停产停业 | 30000~300000 | |
| 8 | | 消防安全检查不合格擅自投入使用、营业 | 第15条第2款 | 第58条第1款第5项 | | 责令停止使用<br>责令停产停业 | 30000~300000 | |
| 9 | | 未进行消防设计备案 | 第10条 | 第58条第2款 | 责令限期改正 | | 5000以下 | |
| 10 | | 未进行竣工消防备案 | 第13条第1款第2项 | 第58条第2款 | 责令限期改正 | | 5000以下 | |
| 11 | 建设工程质量类 | 违法要求降低消防技术标准设计、施工 | 第9条 | 第59条第1项 | 责令改正 | 或责令停止施工 | 10000~100000 | |
| 12 | | 不按照消防技术标准强制性要求进行消防设计 | 第9条 | 第59条第2项 | 责令改正 | 或责令停止施工 | 10000~100000 | |
| 13 | | 违法施工降低消防施工质量 | 第9条 | 第59条第3项 | 责令改正 | 或责令停止施工 | 10000~100000 | |
| 14 | | 违法监理降低消防施工质量 | 第9条 | 第59条第4项 | 责令改正 | 或责令停止施工 | 10000~100000 | |

| 编号 | 分类 | 案由 | 法律依据 | 处罚依据 | 行政处理 | 行政处罚 | | 备注 |
|---|---|---|---|---|---|---|---|---|
| | | | | | | 责令“三停”、拘留 | 警告、罚款（元） | |
| 15 | 消防设施、器材、标志类 | 消防设施、器材、消防安全标志配置、设置不符合标准 | 第16条第1款第2项 | 第60条第1款第1项 | 责令改正 | | 5000~50000 | |
| 16 | | 消防设施、器材、消防安全标志未保持完好有效 | 第16条第1款第2项 | 第60条第1款第1项 | 责令改正 | | 5000~50000 | |
| 17 | | 损坏、挪用消防设施、器材 | 第28条 | 第60条第1款第2项<br>第60条第2款 | 责令改正 | | 5000~50000（单位）<br>警告或500以下（个人） | |
| 18 | | 擅自停用、拆除消防设施、器材 | 第28条 | 第60条第1款第2项<br>第60条第2款 | 责令改正 | | 5000~50000（单位）<br>警告或500以下（个人） | |
| 19 | 通道、出口、消火栓、分区、防火间距、火灾隐患类 | 占用、堵塞、封闭疏散通道、安全出口 | 第28条 | 第60条第1款第3项<br>第60条第2款 | 责令改正 | | 5000~50000（单位）<br>警告或500以下（个人） | 拒不改正强制执行 |
| 20 | | 其他妨碍安全疏散行为 | 第28条 | 第60条第1款第3项<br>第60条第2款 | 责令改正 | | 5000~50000（单位）<br>警告或500以下（个人） | 拒不改正强制执行 |
| 21 | | 埋压、圈占、遮挡消火栓 | 第28条 | 第60条第1款第4项<br>第60条第2款 | 责令改正 | | 5000~50000（单位）<br>警告或500以下（个人） | 拒不改正强制执行 |
| 22 | | 占用防火间距 | 第28条 | 第60条第1款第4项<br>第60条第2款 | 责令改正 | | 5000~50000（单位）<br>警告或500以下（个人） | 拒不改正强制执行 |
| 23 | | 占用、堵塞、封闭消防车通道 | 第28条 | 第60条第1款第5项<br>第60条第2款 | 责令改正 | | 5000~50000（单位）<br>警告或500以下（个人） | 拒不改正强制执行 |
| 24 | | 门窗设置影响逃生、灭火救援的障碍物 | 第28条 | 第60条第1款第6项<br>第60条第2款 | 责令改正 | | 5000~50000 | 拒不改正强制执行 |
| 25 | | 不及时消除火灾隐患 | 第16条第1款第5项 | 第60条第1款第7项 | 责令改正 | | 5000~50000 | |
| 26 | 易燃易爆、三合一场所管理类 | 易燃易爆危险品场所与居住场所设置在同一建筑物内 | 第19条第1款 | 第61条第1款 | | 责令停产停业 | 5000~50000 | |
| 27 | | 易燃易爆危险品场所未与居住场所保持安全距离 | 第19条第1款 | 第61条第1款 | | 责令停产停业 | 5000~50000 | |
| 28 | | 其他场所与居住场所设置在同一建筑物内不符合消防技术标准 | 第19条第2款 | 第61条第2款 | | 责令停产停业 | 5000~50000 | |

| 编号 | 分类 | 案　由 | 法律依据 | 处罚依据 | 行政处理 | 行政处罚 | | 备注 |
|---|---|---|---|---|---|---|---|---|
| | | | | | | 责令“三停”、拘留 | 警告、罚款（元） | |
| 29 | 违反社会管理类 | 违法生产、储存、运输、销售、使用、销毁易燃易爆危险品 | 第 23 条第 1 款 | 第 62 条第 1 项、《治安管理处罚法》第 30 条 | | 10～15 日拘留<br>5～10 日拘留（轻） | | |
| 30 | | 非法携带易燃易爆危险品 | 第 23 条第 2 款 | 第 62 条第 2 项、《治安管理处罚法》第 30 条 | | 10～15 日拘留<br>5～10 日拘留（轻） | | |
| 31 | | 虚构事实扰乱公共秩序（谎报火警） | 第 44 条第 1 款 | 第 62 条第 3 项、《治安管理处罚法》第 25 条第 1 项 | | 5～10 日拘留<br>5 日以下拘留（轻） | 可以并处 500 以下<br>或 500 以下（轻） | |
| 32 | | 阻碍特种车辆通行（消防车、消防艇） | 第 47 条第 1 款 | 第 62 条第 4 项、《治安管理处罚法》第 50 条第 1 款第 3 项 | | <br>5～10 日拘留（重） | 警告或 200 以下<br>可以并处 500 以下（重） | |
| 33 | | 阻碍执行职务 | | 第 62 条第 5 项、《治安管理处罚法》第 50 条第 1 款第 2 项 | | <br>5～10 日拘留（重） | 警告或 200 以下<br>可以并处 500 以下（重） | |
| 34 | | 违反规定进入生产、储存易燃易爆危险品场所 | 第 23 条第 2 款 | 第 63 条第 1 项 | | 5 日以下拘留（重） | 警告或 500 以下 | |
| 35 | | 违反规定使用明火作业 | 第 21 条第 1 款 | 第 63 条第 2 项 | | 5 日以下拘留（重） | 警告或 500 以下 | |
| 36 | | 在具有火灾、爆炸危险的场所吸烟、使用明火 | 第 21 条第 1 款 | 第 63 条第 2 项 | | 5 日以下拘留（重） | 警告或 500 以下 | |
| 37 | | 指使、强令他人冒险作业 | | 第 64 条第 1 项 | | 10～15 日拘留 | 可以并处 500 以下<br>警告或 500 以下（轻） | |
| 38 | | 过失引起火灾 | | 第 64 条第 2 项 | | 10～15 日拘留 | 可以并处 500 以下<br>警告或 500 以下（轻） | |
| 39 | | 阻拦、不及时报告火警 | 第 44 条第 1 款 | 第 64 条第 3 项 | | 10～15 日拘留 | 可以并处 500 以下<br>警告或 500 以下（轻） | |
| 40 | | 扰乱火灾现场秩序 | | 第 64 条第 4 项 | | 10～15 日拘留 | 可以并处 500 以下<br>警告或 500 以下（轻） | |

| 编号 | 分类 | 案由 | 法律依据 | 处罚依据 | 行政处理 | 行政处罚 | | 备注 |
|---|---|---|---|---|---|---|---|---|
| | | | | | | 责令“三停”、拘留 | 警告、罚款（元） | |
| 41 | 违反社会管理类 | 拒不执行火灾现场指挥员指挥 | | 第 64 条第 4 项 | | 10～15 日拘留 | 可以并处 500 以下 | |
| | | | | | | | 警告或 500 以下（轻） | |
| 42 | | 故意破坏、伪造火灾现场 | 第 51 条第 2 款 | 第 64 条第 5 项 | | 10～15 日拘留 | 可以并处 500 以下 | |
| | | | | | | | 警告或 500 以下（轻） | |
| 43 | | 擅自拆封、使用被查封场所、部位 | 第 54 条 | 第 64 条第 6 项 | | 10～15 日拘留 | 可以并处 500 以下 | |
| | | | | | | | 警告或 500 以下（轻） | |
| 44 | 消防产品、电气、燃气用具类 | 人员密集场所使用不合格、国家明令淘汰的消防产品逾期未改 | 第 24 条第 1 款 | 第 65 条第 2 款 | 责令限期改正（前置） | 责令停产停业（重） | 5000～50000（场所）<br>500～2000（责任人） | |
| 45 | | 电器产品的安装、使用不符合规定 | 第 27 条第 2 款 | 第 66 条 | 责令限期改正（前置） | 责令停止使用 | 可以并处 1000～5000 | |
| 46 | | 燃气用具的安装、使用不符合规定 | 第 27 条第 2 款 | 第 66 条 | 责令限期改正（前置） | 责令停止使用 | 可以并处 1000～5000 | |
| 47 | | 电器线路的设计、敷设、维护保养、检测不符合规定 | 第 27 条第 2 款 | 第 66 条 | 责令限期改正（前置） | 责令停止使用 | 可以并处 1000～5000 | |
| 48 | | 燃气管路的设计、敷设、维护保养、检测不符合规定 | 第 27 条第 2 款 | 第 66 条 | 责令限期改正（前置） | 责令停止使用 | 可以并处 1000～5000 | |
| 49 | 消防安全责任制类 | 不履行消防安全职责逾期未改 | 第 16 条第 1 款、第 17 条第 2 款、第 18 条、第 21 条第 2 款 | 第 67 条 | 责令限期改正（前置） | | 处分或警告（责任人） | |
| 50 | | 不履行组织、引导在场人员疏散义务 | 第 44 条第 2 款 | 第 68 条 | | 5～10 日拘留（重） | | |
| 51 | 中介服务管理类 | 消防技术服务机构出具虚假、失实文件 | 第 34 条 | 第 69 条第 1 款 | 责令改正 | 并处没收违法所得<br>承担赔偿责任 | 50000～100000（机构）<br>10000～50000（责任人） | 原许可机关处理（重） |
| | | | | 第 69 条第 2 款 | | 承担赔偿责任 | | |

# 第二节 简易程序

简易程序是消防执法人员在符合法定条件的情况下，对消防安全违法行为人在违法现场即行处罚的制度。相对一般程序而言，简易程序更为简单、方便、易行，有利于提高执法效率。

## 一、简易程序办理流程

## 二、适用条件

适用简易程序必须同时符合以下三个条件：

1.违法事实确凿。即案情简单、违法事实清楚、证据确凿，不需要进一步调查取证。

2.法律依据充分。即消防法律、法规、规章有明确规定，对当事人的违法行为应当给予行政处罚。

3.符合《行政处罚法》所规定的处罚种类和幅度。即对公民处以50元以下罚款或警告，对法人或其他组织处以1000元以下罚款或警告。

## 三、操作规程

1.向违法行为人表明执法身份，指明违法事实。

2.口头告知违法行为人拟作出处罚的事实、理由、依据以及享有的陈述权和申辩权。

3.听取违法行为人的陈述和申辩，陈述、申辩成立的，应当采纳。

4.符合当场处罚条件的，填写《当场处罚决定书》（见范例3–2–1）。

5.将《当场处罚决定书》当场交付被处罚人。

6.当场收缴罚款或告知其在规定期限内到指定银行缴纳罚款。

7.在作出处罚决定后24小时内报所属公安派出所备案。

## 四、注意事项

1.执法人员必须向违法行为人出示证件表明身份。

2.适用简易程序的，可以由一名执法人员作出处罚决定。

3.适用当场处罚要注意收集各种证据，必要时可以拍照、录像。

4.口头告知后，当事人对违法事实有异议的，应当适用一般程序。

范例3-2-1

××县公安消防大队

**当场处罚决定书**

编号：×××××

被处罚人：刘××

性别：男 出生年月 19××年××月××日 法定代表人：/

身份证件种类及号码：居民身份证 51020219680813××××

现住址：××县××路×号×单元×室

工作单位：××县××歌舞厅

因 营业时间擅自封闭安全出口，根据《中华人民共和国消防法》第六十条第二款之规定，现决定给予 罚款人民币伍拾元整 的处罚。

履行方式：限你自收到本决定之日起十五日内，持本决定书将罚款缴至工商银行×××县支行（××县×大道××号，账号：××××××××）。逾期缴纳罚款的，将依据《中华人民共和国行政处罚法》第五十一条第（一）项的规定，每日按罚款数额的百分之三加处罚款。

被处罚人如不服本决定，可以在收到本决定书之日起六十日内向××县公安局或××县人民政府申请行政复议或者在三个月内依法向××县人民法院提起行政诉讼。

处罚地点：××歌舞厅

办案人民警察（签名或盖章）：张××

（××县公安消防大队印章）

二〇××年××月××日

被处罚人（签名）：刘××

20××年××月××日

一式两份，一份交被处罚人，一份交所属公安派出所备案。

## 第三节 一般程序

一般程序是指除当场处罚以外的其他消防行政处罚所适用的普通程序。消防行政处罚只要不符合当场处罚的范围和条件，或是没有适用当场处罚程序的，就应当按照一般程序的规定实施。

### 一、一般程序办理流程

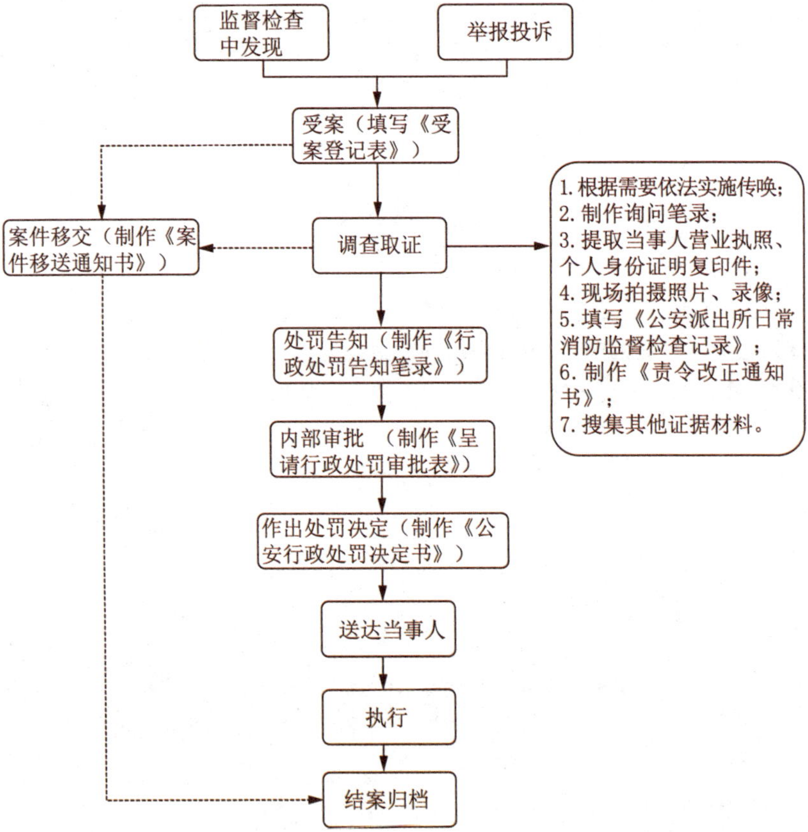

## 二、受案

（一）操作规程

1.对消防违法事实进行初步审查。

2.符合受理条件的，填写《受案登记表》（见范例3-3-1）。

3.呈报公安派出所负责人批准。

4.经批准受理后，依照法定程序开展调查。

（二）注意事项

1.公安派出所检查发现消防违法行为属实且依法应当给予行政处罚的，应当受案。

2.接到对安全出口封闭、疏散通道堵塞的举报、投诉，应当在24小时内进行核查；对其他消防违法行为的举报、投诉，应当在三个工作日内进行核查。核查认定构成违法行为且属于管辖范围内的，应当及时受案。

3.一案多人且案由相同的，可一并受案，但应分别载明各个违法嫌疑人的基本情况。

4.“简要案情”应当包括检查时间、检查单位及人员、被检查单位名称及地址、违法行为、采取的措施等内容。

5.“受案意见”应根据《公安机关办理行政案件程序规定》第三十八条的规定提出受案意见。

6.“受案审批”一般由公安派出所主要领导或分管领导审批，同意受案的，应同时确定该案的承办人员。

范例3-3-1

××县公安局××派出所

**受案登记表**

（××县公安局××派出所印章）　　　　编号：×××××

| | | | | | |
|---|---|---|---|---|---|
| 案　由 | ××市××娱乐会所封闭安全出口 | | | | |
| 案件来源 | 检查中发现 | | | | |
| 报案时间 | / | | | | |
| 报案方式 | / | | | | |
| 报案人 | 姓　名 | / | 性别 | / | 出生日期 / |
| 报案人 | 现住址 | / | | | |
| 报案人 | 工作单位 | / | | 联系电话 | / |
| 接报人 | / | | | | |

简要案情：

20××年××月××日，××公安派出所民警李××、王××在对位于××县××路××号的××娱乐会所进行监督检查时，发现该单位擅自封闭安全出口。随即发出《责令改正通知书》（［20××］第×××××号），责令该娱乐会所立即采取措施予以整改。该单位的行为涉嫌违反《中华人民共和国消防法》第二十八条的规定。

| | |
|---|---|
| 受案意见 | 根据《公安机关办理行政案件程序规定》第三十八条第二款规定，建议对××娱乐会所封闭安全出口的消防安全违法行为受案查处。<br>承办人：李××、王××　　20××年××月××日 |
| 受案审批 | 同意受案查处，请李××主办，王××协办。<br>办案部门负责人：赵××　　20××年××月××日 |

一式两份，一份附卷，一份存根。

## 三、调查取证

（一）传唤

1.操作规程

（1）承办人员提出意见，报公安派出所负责人批准；

（2）制作《传唤证》（见范例3-3-2）；

（3）出示工作证件，表明执法人员身份；

（4）查明传唤对象的身份；

（5）出示《传唤证》；

（6）将违法嫌疑人传唤至指定地点进行询问；

（7）将传唤的原因和处所通知被传唤人家属；

（8）由违法嫌疑人在《传唤证》上填写到案时间和询问查证结束时间，并签名；拒绝填写或者签名的，执法人员在《传唤证》上注明。

2.注意事项

（1）被传唤人的到案时间是指被传唤人到达公安派出所指定询问地点的时间，询问查证结束时间是指违法嫌疑人可以自由离开公安派出所指定询问地点的时间。

（2）对同一违法行为的调查，可以多次采取传唤，但不得以连续传唤的形式变相拘禁违法嫌疑人。

（3）应当及时将传唤原因和处所通过电话、手机短信、传真等方式通知被传唤人家属。公安派出所传唤违法嫌疑人时，其家属在场的，应当当场将传唤原因和处所口头告知其家属，并在《询问笔录》中注明。被传唤人拒不提供家属联系方式或者有其他无法通知的情形的，可以不予通知，但应当在《询问笔录》中注明。

（4）对现场发现的违法嫌疑人，执法人员经出示工作证件，可以口头传唤，并在《询问笔录》中注明违法嫌疑人到案经过、到案时间和离开时间。

（5）被传唤人应当为违法嫌疑人，对证人不得实施传唤。对涉嫌消防违法的单位，可传唤负责的主管人员或者其他直接责任人员。

范例3–3–2

××县公安局××派出所

**传唤证**

×公（消）行传字［20××］第×××××号

×××：

因你涉嫌未按期整改所经营场所的火灾隐患，根据《公安机关办理行政案件程序规定》第四十四条第一款之规定，限你于20××年×月×日××时××分前到××派出所（××路×号）×楼×室接受询问。

（××县公安局××派出所印章）

二〇××年××月××日

被传唤人到达时间：20××年××月××日××时××分

询问查证结束时间：20××年××月××日××时××分

被传唤人（签名）：×××

一式两份，一份交被传唤人，一份附卷。

（二）询问

1.操作规程

（1）确定两名以上执法人员进行询问；

（2）出示证件，表明执法人员姓名和工作单位；

（3）填写询问开始时间、地点；

（4）告知被询问人的权利和义务；

（5）问明被询问人的基本情况；

（6）询问案情，主要包括违法行为是否存在，违法行为是否是违法嫌疑人实施，案件发生的时间、地点、方法（手段）、原因、后果及其他与案件有关的事实；

（7）听取违法嫌疑人的陈述和申辩，制作《询问笔录》（见范例3-3-3）；

（8）将《询问笔录》交被询问人核对，对没有阅读能力的，向其宣读；

（9）被询问人核对《询问笔录》后，有更正或补充的，在修正处捺指印，核对无误的，应逐页签名捺指印，拒绝签名的，询问人员应注明；

（10）执法人员在《询问笔录》上分别签名，有翻译人员的，也应当在笔录上签名；

（11）填写询问结束时间。

2.注意事项

（1）同案询问对象为多名的，应当分别进行。

（2）在询问中不得使用欺诈、引诱、胁迫、暴力等非法手段获取当事人陈述和证人证言。

（3）询问内容应包含违法的时间、地点和人员，违法事实经过，违法动机等内容。

（4）询问查证不得超过8小时；案情复杂，可能适用拘留的，也不得超过24小时。笔录中填写的询问起止时间应当具体到分钟。

（5）询问时应当告知被询问人有如实回答的义务以及对与本案无关的问题有拒绝回答的权利。

（6）首次询问违法嫌疑人的，应问明违法嫌疑人的姓名、性别、出生日期、户籍所在地、现住址、身份证件种类及号码、工作单位及其职务，是否受过处罚等情况，必要时还应问明其家庭主要成员、工作单位、文化程度等情况。首次询问证人的，应当问明证人的姓名、性别、出生日期、工作单位及其职务，与违法嫌疑人或者单位的关系。

（7）询问未满16周岁的未成年人，应当通知其父母或监护人到场。父母或监护人不能到场的，可通知其教师到场。确实无法通知或通知后未到场的，应当在《询问笔录》中注明。

（8）询问聋哑人，应有手语翻译参加，并在笔录中注明被询问人聋哑情况及翻译人基本情况。询问不通晓当地语言文字的人，应为其配备翻译人员并在笔录中注明翻译人的基本情况。

（9）违法嫌疑人、证人自行提供或书写书面材料的，由违法嫌疑人、证人在材料末页签名，询问人员在材料首页右上方写明收到日期并签名。

（10）被询问人确认笔录无误后，应在末页签署“以上笔录我看过，与我说的相符”，并在《询问笔录》上逐页签名或者捺指印。对不识字的违法嫌疑人，应当在笔录中注明，并邀请见证人，当场向被询问人进行宣读，被询问人和见证人确认无误后，被询问人捺指印，见证人签字确认。拒绝签名和捺指印的，询问人员应当在《询问笔录》中注明。

范例3-3-3

第1次询问

第1页 共2页

## 询 问 笔 录

询问时间：20××年××月×日××时××分至20××年××月×日××时××分

询问地点：××市××区××宾馆总经理办公室

询问人（签名）：朱××　工作单位：××市××公安派出所

询问人（签名）：傅××　工作单位：××市××公安派出所

记录人（签名）：傅××　工作单位：××市××公安派出所

被询问人：张××　性别：男　出生日期：19××年××月××日

户籍所在地：××市××区×路×号×单元

现住址：××市××区×路×号×单元

被询问人身份证件种类及号码：居民身份证 5102021968081 3××××

联系方式：139××××××××

（口头传唤的被询问人 / 月 / 日 / 时 / 分到达， / 月 / 日 / 时 / 分离开，本人签名确认 / ）

问：我们是××市××公安派出所民警，这是我们的执法证件，现依法向你询问关于××市××区××宾馆封闭安全出口一案的相关情况，你应当如实回答，作伪证要负法律责任。你有依法申请回避的权利，对与本案无关的问题，你有拒绝回答的权利。你听清楚了没有？

答：听清楚了，不提出回避。

问：请陈述本人的基本情况。

答：我是××市××宾馆法定代表人、总经理，负责单位全面工作。

问:请简要陈述××市××区××宾馆的基本情况。

答：××市××宾馆位于××区×路×号，所在建筑为6层建筑，宾馆建筑面积约3200平方米，共有住宿房间25间，位于建筑的第1、2、3层，1层设前台和住宿房间，第2、3层均为住宿房间，每层有东、西两个安全出口，办理了消防验收手续和开业前消防安全检查手续。

问：20××年××月××日，我所执法人员在消防监督检查中发现了哪些问题？

被询问人签名（捺指印）：张××　20××年××月×日

第2页 共2页

答：当时是派出所朱××、傅××对我单位进行了消防监督检查，发现我单位封闭了第2、3层东侧安全出口。

问：当时还有哪些人在现场？

答：当时我在现场，还有我们单位分管安全的副总赵××。

问：你单位封闭第2、3层东侧安全出口是从什么时候开始的？

答：就是这几天才锁闭的，主要是考虑到来宾馆住宿的人多，上上下下不安全。因为我们单位平时只有1名保安负责照看，有时顾不过来，就把东侧的安全出口锁闭了，以便于管理。

问：你单位以前有没有受过消防行政处罚？

答：没有。

问：你单位锁闭安全出口的行为违反了《中华人民共和国消防法》第二十八条规定，我们将依据《中华人民共和国消防法》第六十条实施处罚，你有什么要补充的吗？

答：我单位属初次违反消防法律法规，希望从轻处罚。

问：以上笔录是否与你所说相符，请阅后签名。

答：以上笔录我看过，与我说的相符。

张×× 20××年××月××日（签名并捺指印）

## 四、告知

（一）操作规程

1.表明执法人员的姓名和单位。

2.告知查明的违法事实，拟作出处罚的理由、依据。

3.告知当事人享有陈述和申辩的权利。

4.听取当事人的陈述和申辩。

5.向当事人宣读（或当事人阅读）《公安行政处罚告知笔录》（见范例3-3-4）。

6.当事人在《公安行政处罚告知笔录》上签名（盖章）、捺指印，填写告知时间。

（二）注意事项

1.将行政处罚告知的内容如实记录在案。

2.拟作出的行政处罚符合听证范围的，应当告知拟作出行政处罚的具体种类和幅度，并告知有要求听证的权利。对不符合听证范围的，可以不在告知笔录第2部分中告知拟作出行政处罚的种类和幅度。

3.对符合听证范围的行政处罚，办案人员履行告知程序后，当事人明确表示放弃听证的，公安派出所可以直接作出行政处罚决定；当事人未明确表示放弃听证权利的，在法定申请听证的期限（告知后三日）内，公安派出所不应作出行政处罚决定。

4.当事人放弃听证或者撤回听证要求后，在处罚决定作出前，又提出听证要求的，只要在听证申请有效期限内，公安派出所应当允许。

5.因违法嫌疑人逃跑等原因无法当面告知的，公安派出所可以采取公告方式予以告知。自公告之日起七日内，违法嫌疑人未提出申辩的，可以依法作出行政处罚决定。

范例3-3-4

××县公安局××派出所

**公安行政处罚告知笔录**

告知单位 ××市××公安派出所 告知人 朱××、傅××

被告知人 /

被告知单位名称 ××市××宾馆 法定代表人张××

告知内容：

1.根据《中华人民共和国行政处罚法》第三十一条规定，现将拟作出行政处罚决定的事实、理由、依据告知如下：

20××年××月××日，我所民警在对你单位进行消防监督检查时，发现你单位封闭第三、四、五、六层东侧安全出口，随即发出《责令改正通知书》（［20××］第×××××号），责令你单位立即采取措施予以整改，你单位的行为违反了《中华人民共和国消防法》第二十八条的规定。以上事实有《公安派出所日常消防监督检查记录》（［20××］第×××××号）、《责令改正通知书》（［20××］第×××××号）、对张××、李××的《询问笔录》、现场照片等证据证实。依据《中华人民共和国消防法》第六十条第一款第（三）项的规定，拟对你单位进行处罚。

对上述告知事项，你（单位）有权进行陈述和申辩。

2.拟作出的行政处罚： /

对公安机关消防机构拟作出的上述行政处罚，根据《中华人民共和国行政处罚法》第四十二条规定，你（单位）有权要求听证。如果要求听证，你（单位）应在被告知后三日内向 / 提出，逾期视为放弃听证。

问：对以上告知内容你听清楚了吗？

答：听清楚了。

问：对上述告知事项，你是否提出陈述和申辩？

答：不提出陈述和申辩。

张××（签名并捺指印）

20××年××月××日

## 五、行政处罚决定

（一）操作规程

1.承办人员填写《呈请行政处罚审批表》。

2.法律审核。

3.按照各地确定的审批流程逐级报审。

4.制作《公安行政处罚决定书》（见范例3-3-5）。

（二）注意事项

1.法制人员对案件进行全面审核后，按照《行政处罚法》第三十八条的规定提出处理意见，报公安派出所负责人审批。

2.对拟给予警告、罚款、责令停产停业（停止使用、停止施工）的，公安派出所按照地方法律法规，在公安机关消防机构委托范围内，以公安机关消防机构名义作出，法律文书加盖公安机关消防机构印章，单独编号。对拟给予拘留的，由公安派出所报主管公安机关依照《治安管理处罚法》规定执行。

3.作出较大数额罚款、责令停产停业（停止使用、停止施工）等行政处罚决定前，应当组织集体讨论。

4.对违法行为人的同一违法行为，不得给予两次以上罚款的行政处罚。

5.一人有两种以上违法行为的，分别决定，合并执行，可以制作一份决定书，分别写明对每种违法行为的处理内容和合并执行的内容。一个案件有多个违法行为人的，分别决定，合并执行，可以制作一式多份决定书，分别写明给予每个人的处理决定，分别送达每一个违法行为人。

范例3-3-5

××县公安消防大队

**公安行政处罚决定书**

×公（消）决字［20××］第××××号

被处罚人 ××县××娱乐会所，地址 ××县×大道×号，法人代表 张××

现查明 20××年×月×日，××县××公安派出所民警在对位于××县×大道××号的××娱乐会所进行消防监督检查时，发现该单位封闭安全出口，当场发出《公安派出所日常消防监督检查记录》、《责令改正通知书》，责令你单位立即采取措施予以整改。你单位的行为违反了《中华人民共和国消防法》第二十八条之规定。

以上事实有《公安派出所日常消防监督检查记录》（［20××］第×××××号）、《责令改正通知书》（［20××］第×××××号）、现场照片、对张××、李××的《询问笔录》等证据证实。

根据《中华人民共和国消防法》第六十条第一款第（三）项之规定，现决定给予××县××娱乐会所罚款人民币捌仟元整的处罚。

履行方式：自收到本《公安行政处罚决定书》之日起十五日内执本决定书将罚款缴至××银行×××支行（××县×大道××号，账号：×××××××）。逾期缴纳罚款的，将依据《中华人民共和国行政处罚法》第五十一条第（一）项之规定，每日按罚款数额的百分之三加处罚款。

被处罚人如不服本决定，可以在收到本决定书之日起六十日内向 ××县公安局或××县人民政府 申请行政复议或者在三个月内依法向 ××县人民法院 提起行政诉讼。

附：__/__清单共__/__份。

（××县公安消防大队印章）

二〇××年××月××日

被处罚人（签名）：张××

20××年××月××日

一式三份，被处罚人和执行单位各一份，一份附卷。

## 七、送达

（一）操作规程

1.被处罚人在场的，应当在宣告《公安行政处罚决定书》后当场交付，由被处罚人在附卷联上签名或者盖章，即为送达。被处罚人拒绝签名或者盖章的，由执法人员在附卷联上注明。

2.被处罚人不在场的，执法人员应当在作出决定的七日内将《公安行政处罚决定书》送达被处罚人。

3.送达《公安行政处罚决定书》应当首先采取直接送达方式，交给受送达人本人；受送达人不在的，可以交付其成年家属、所在单位的负责人员或者其居住地村（居）民委员会代收。

4.受送达人本人或者代收人拒绝接收或者拒绝签名和盖章的，送达人可以邀请其邻居或者其他见证人到场，说明情况，把文书留在受送达人处，在《送达回执》（见范例3–3–6）上注明拒绝签收的事由、送达日期，由送达人、见证人签名或者捺指印，即视为送达。

5.无法直接送达的，委托送达或邮寄送达。

6.采取上述送达方式仍无法送达的，可以公告送达。

（二）注意事项

1.公告送达的范围和方式应当便于公民知晓，公告期限不得少于六十日。

2.送达对单位作出的处罚决定，原则上应当由该单位的法定代表人（组织的主要负责人）或者单位办公室、收发室、值班室等负责收件的人员签收，拒绝签收或者盖章的，可以留置送达。

3.在采取直接送达、留置送达、邮寄送达（委托送达）、公告送达等方式送达决定书时，应尽量在上一方式无法送达的情况下，再采取下一送达方式。违法嫌疑人拒绝提供地址的，首先应选择直接送达的方式；如果无法直接送达，则采用公告送达的方式。

4.当场交付法律文书，当事人在文书附卷联上签字的，可以不使用《送达回执》。

范例3-3-6

## 送 达 回 执

×公（消）送字［20××］第××××号

| | |
|---|---|
| 文书名称、编号 | 《公安行政处罚决定书》<br>编号：×公（消）决字［20××］第××××号 |
| 送达时间 | 20××年××月××日 |
| 送达人签名 | 朱××　　付×× |
| 送达地点 | ××县××娱乐会所××经理室 |
| 送达方式 | 留置送达 |
| 受送达人签名 | |
| 受送达人拒收原因 | 认为处罚过重，拒绝签收。 |
| 见证人签名 | 张××（××居委会副主任）、李××（在场群众） |
| 代收人签名 | |
| 代收人与受送达人的关系 | |
| 备注 | |

# 第四章 协助火灾事故调查

公安部《火灾事故调查规定》（公安部令第108号，下同）第五条第二款规定："公安派出所应当协助公安机关火灾事故调查部门维护火灾现场秩序，保护现场，控制火灾肇事嫌疑人。"

## 第一节 火灾现场初期处置

公安派出所接到通知后，应当迅速派员赶赴现场，了解火情和火势，并根据现场情况开展火灾现场初期处置，组织疏散被困人员和扑救初起火灾，询问了解火情，维护火场秩序。公安消防队或专职消防队到场后，公安派出所民警应协助疏散被困人员，维护火场秩序，疏导交通，对当事人、受害人、周边群众进行走访，了解起火过程、原因。

### 一、接警出动

1.公安派出所接到火灾报警或处警指令后，应立即安排就近民警赶往现场。

2.接警民警应当及时报告公安派出所主要领导或当日值班领导，值班领导应视情赶往火灾现场。

### 二、询问了解火情

1.询问火灾发现人、报警人、现场群众等知情者，了解火场中有无人员被困，被困人员的位置、数量等。

2.了解起火建筑的基本情况，包括建筑的结构、面积、周边建筑、场所的情况及水源道路情况。

3.了解起火的主要物质，有无易燃易爆危险品（如液化石油气瓶、烟花爆竹、汽油、爆炸品、毒害品等）。

4.了解起火部位等情况。

5.将火灾情况迅速报告到场的公安消防队。

## 三、组织疏散被困人员

1.了解是否有人员被困，被困人员的具体位置和数量，被困人员中有无老人、儿童和行动不便人员。

2.根据现场实际情况，引导被困人员从疏散楼梯逃生，或者协助被困人员利用周围的建筑物、构筑物或其他逃生设施进行疏散逃生。

3.公安派出所民警需要进入火场救助被困人员时，自身应当采取防止烟气中毒、高温灼伤的防护措施。

## 四、组织扑救初起火灾

1.火情较小时，可利用灭火器、消火栓灭火。

2.如周围没有灭火器、消火栓，可组织群众用水盆、水桶等简易灭火工具取水灭火。

3.对于电气、化工类火灾，要及时采取断电、关阀等措施，并根据现场情况选用适当的灭火器材。

4.组织火灾扑救过程中要注意参与扑救人员的自身防护，防止发生伤亡事故。

5.公安或专职消防队到场后，公安派出所民警应当及时移交火灾扑救指挥权，在火灾现场指挥部的统一指挥下，协助开展火灾扑救工作。

## 五、维护火场秩序

1.公安派出所民警到达火场后，应根据现场情况，确定警戒范围，设立警戒标志，布置警戒人员，控制人员、车辆通行和出入，保障消防车辆顺利通行。

2.火势较大时，应立即报告公安机关指挥中心，通知公安交通警察到场疏导火场周边的道路交通。

## 第二节 火灾现场保护

火灾现场是指发生火灾及与火灾原因有关的场所。火灾发生具有突发性，人员疏散逃生、抢救物资及扑救火灾等往往导致火灾现场混乱，且具有一定的危险性，如不加以疏导，维护好火场秩序，保护好火灾现场，容易造成灾害进一步扩大和火灾现场被破坏，影响灭火救援和火灾调查工作。

### 一、火灾现场保护范围

通常情况下，火灾现场的保护范围应当包括燃烧的全部场所以及与火灾有关的一切地点，一般包括下列三个范围：

（一）发生火灾引起燃烧的场所。

（二）虽未被燃烧但与火灾原因有关联的场所。

（三）火灾涉及的其他场所。

### 二、几类常见火灾现场的保护范围

（一）电气故障引起的火灾现场

当怀疑起火原因为电气设备故障时，凡与火场用电设备有关的线路、设备，如进户线、总配电盘、开关、灯座、插座、电机及其拖动设备和它们经过或安装的场所，都应列入保护范围。

（二）爆炸引起的火灾现场

1.因爆炸起火的现场，不论被抛出物体飞出的距离有多远，都应当把抛出物着陆地点列入保护范围，同时把爆炸破坏或影响到的建筑物等列入现场保护范围；

2.确定现场保护范围时，不是对所有区域都进行保护，只是将有助于查明爆炸物和爆炸原因、分析爆炸过程及爆炸威力的有关物件保护起来。

（三）有放火嫌疑的火灾现场

当怀疑有放火嫌疑时，应当将火灾现场的保护范围适当扩大，对火灾现场周围的围墙、沟渠、下水道等都应当列入现场保护的范围，防止放火物证灭失。

（四）大面积坍塌的火灾现场

发生大面积坍塌的火灾现场，大量坍塌物致使各种重要的痕迹、物品被埋压或者移位，因此，应当扩大保护范围。

（五）易燃液体或易燃气体火灾现场

易燃液体或易燃气体的火灾现场，由于液体和气体的流动性，往往泄漏点与起火点位置不一致，因此，应当将易燃液体或易燃气体的泄漏点也列入现场保护范围。

（六）飞火引起的火灾现场

对怀疑是飞火引起火灾的现场，应当将可能产生飞火的火源与火灾现场之间的区域列入保护范围，以便收集飞火的证据。

确定保护范围后，禁止除火灾调查人员之外的任何人（包括现场保护人员）进入保护区域，更不得擅自移动火场中的物品，对火灾痕迹物证，应采取有效措施，防止人为灭失。

## 第三节 调查询问

公安派出所民警根据调查走访情况，对火灾肇事嫌疑人和其他知情人员及时展开调查询问，查明火灾发生、发展等主要事实。

### 一、调查询问主要任务

公安派出所火灾调查询问工作的主要任务，就是协助公安机关消防机构，对火灾肇事嫌疑人和知情人员进行询问，查明下列火灾事实：

1.火灾发生、发现的时间、地点。

2.起火场所、起火部位、起火点、起火原因。

3.火灾造成的人员伤亡、财产损失。

4.起火单位（个人）的基本情况。

5.火灾肇事人的基本情况，行为动机、经过。

6.灾害成因。

## 二、调查询问工作要求

（一）确定询问对象

调查询问应当根据火灾调查需要，有选择地询问火灾发现人，报警人，最先到场救火的人，消防人员，火灾发生前最后离开起火部位的人，熟悉现场周围情况和生产工艺的人，值班人员，火灾责任人，火灾受害人，发生火灾单位（场所）的负责人、管理人，围观群众中议论起火原因、火灾蔓延情况的人和其他知情人。

（二）拟定询问内容

1.发现起火的时间、起火部位、起火特征、火灾蔓延过程。

2.异常气味、声音。

3.火灾发生时现场人员活动情况以及是否发现有可疑人员。

4.用火、用气、用电、供电情况。

5.机器、设备运行情况。

6.物品摆放情况。

7. 消防安全管理情况。

（三）组织现场指认

1.进行询问的调查人员应当查看现场，熟悉火灾现场情况。

2.现场询问得到的重要情况，应和火灾现场进行对照，必要时可以带领证人、当事人到现场进行指认。

## 三、不同对象调查询问的主要内容

（一）最先发现起火人和报警人

1.发现起火的时间、部位及火势蔓延的详细经过。

2.起火时的特征和现象，如火焰和烟雾颜色变化、燃烧的速度、异常现象。

3.发现火情后采取的措施，现场的变动，变化情况等。

4.发现起火时还有何人在场，是否有可疑人员出入火灾现场。

5.发现火灾时的气象条件，如风向、风力等。

（二）最后离开起火部位或在场人员

1.离开前起火部位生产设备的运转情况，在场人员的具体活动内容及活动位置。

2.人员离开之前火源、电源处理情况。

3.起火部位附近物品的种类、性质、数量，离开前是否有异常气味和响动等情况。

4.最后离开起火部位的具体时间、路线、先后顺序。

（三）熟悉现场周围情况、熟悉生产工艺人员

1.建筑物的主体和平面布置，每个车间、房间的用途，以及车间的设备及室内设备情况等。

2.火源、电源情况，如线路的敷设方式、检查、修理、改造情况。

3.火源、电源分布的部位及与可燃材料、物体的距离，有无异常情况。

4.机械设备的性能，使用情况和发生故障的情况。

5.起火部位存放的物资情况，包括种类、数量、性质、相互位置、储存条件等。

6.防火安全状况，防火安全规定、制度的实际执行，有关制度的规定是否与工艺、设备相适应等情况。

（四）最先到达火灾现场救火人

1.到达火灾现场时，冒火、冒烟的具体部位，火焰、烟雾的颜色、气味等情况。

2.火势蔓延和扑救过程。

3.进入火灾现场、起火部位的具体路线。

4.扑救过程中是否发现了可疑物品、痕迹及可疑人员等情况。

5.灭火方式和过程。

（五）发现起火的围观群众

1.起火前后看到的有关情况，是否发现可疑情况。

2.谈论与火灾相关的情况。

3.火灾当事人在火灾前后的表现，家庭关系、社会关系和邻里关系情况。

4.围观群众流露出的心理，是同情惋惜还是幸灾乐祸。

5.以往是否有火灾或其他异常情况。

（六）值班人员

1.交接班时间、记录及内容。

2.当班检查的时间、部位、路线、次数，异常情况及处理经过。

3.用火、用电等情况。

4.发现起火经过、火势情况和采取的措施。

5.值班制度、应对突发情况的措施。

6.发现人员进出情况。

（七）参加火灾扑救的消防员

1.火灾现场基本情况，如最先冒烟冒火部位、塌落倒塌部位、燃烧最猛烈和终止的部位等。

2.燃烧特征，如烟雾、火焰、颜色、气味、响声。

3.扑救情况，扑救措施、消防破拆情况等。

4.现场出现的异常反应，异常的气味、响声等，到达火灾现场时，门、窗关闭情况，有无强行进入的痕迹。

5.现场设备、设施工作状况、损坏情况等。

6.起火部位情况。

7.是否发现非现场的火源或放火遗留物。

8.现场其他人员活动情况。

9.现场抢救人员的情况。

10.现场人员向其反映的有关情况。

11.接火警时间、到达火灾现场时间。

12.天气情况，如风力、风向。

（八）火灾受害人

1.用火用电、操作作业的详细过程。

2.火灾发生前起火部位的情况，包括起火部位的基本情况，可燃物种类、数量与堆放状况，以及与火源或热源的距离等情况。

3.起火过程及扑救情况。

4.在火灾中受伤的身体部位及原因。

5.受害人与外围其他人之间的人际关系。

（九）火灾肇事嫌疑人

1.用火用电、操作作业的详细过程。

2.火灾当时及火灾发生前所在的位置、火灾前后的主要活动。

3.起火部位起火物堆放情况。

4.起火过程及初起扑救情况。

5.在火灾中受伤的部位及原因。

（十）发生火灾单位（场所）的负责人、管理人

1.火灾的基本情况，包括起火情况、火灾扑救情况及火灾损失情况。

2.起火建筑的建筑结构，建筑工程消防手续的办理情况，建筑消防设施的运行、维护保养情况。

3.单位消防安全管理措施的落实情况。

## 第四节 火灾事故简易调查程序

《火灾事故调查规定》第十二条从人员伤亡、直接财产损失等方面规定了可以适用简易调查程序的情形。公安派出所是否开展简易火灾事故调查，由各省、自治区、直辖市自行确定。

## 一、火灾事故简易调查工作流程

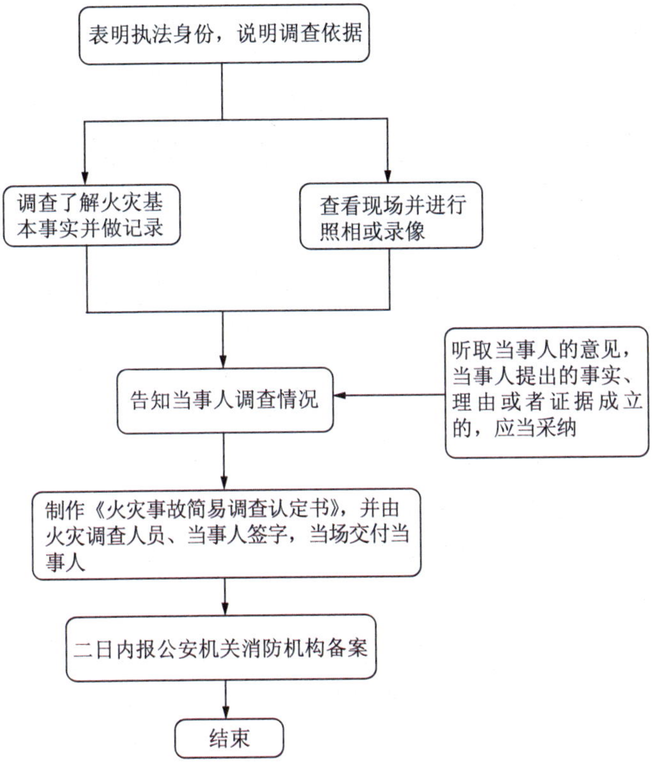


（一）确定调查程序

对同时具有下列情形的火灾，可以适用简易调查程序：

（1）没有人员伤亡的；

（2）直接财产损失轻微的；

（3）当事人对火灾事故事实没有异议的；

（4）没有放火嫌疑的。

在火灾调查过程中，发现有不应当适用简易调查程序情形的，或当事人对适用简易调查程序提出异议的，公安派出所应当及时变更，移交公安机关消防机构按照一般程序进行调查。

（二）简易调查程序具体步骤

适用简易调查程序的，可以由一名火灾调查人员调查并按下列程序实施：

1.表明执法身份，说明调查依据。

2.调查走访当事人、证人，了解火灾发生过程、火灾烧损的主要物品及建筑物受损等与火灾有关的情况。

3.查看火灾现场并进行照相或者录像。

4.告知当事人调查的火灾事实，听取当事人的意见，当事人提出的事实、理由或者证据成立的，应当采纳。

5.当场制作《火灾事故简易调查认定书》（见范例4-4-1），由火灾调查人员、当事人签字或者捺指印后交付当事人。

公安派出所应当在二个工作日内将《火灾事故简易调查认定书》报公安机关消防机构备案。

## 二、火灾事故简易调查工作要求

（一）程序要求

火灾事故简易调查要依程序、按步骤作出，在经过了解火灾基本事实和查看现场两个必经程序基础上进行，一般不要求制作笔录。

（二）主体要求

适用火灾事故简易调查程序的调查主体是公安机关消防机构。公安派出所实施简易调查时，应当以公安机关消防机构名义作出《火灾事故简易调查认定书》。

（三）时限要求

火灾事故简易调查应当严格遵守时效规定，调查结束后应当当场制作《火灾事故简易调查认定书》交付当事人，并于二个工作日内报公安机关消防机构备案。

（四）建档要求

适用简易调查程序的火灾，公安派出所可按照调查时间顺序定期建立综合卷（建议一个季度合订一卷），卷内内容主要包括：火灾事故简易调查认定书、现场照片及其他材料。

## 三、需要注意的问题

（一）《火灾事故简易调查认定书》中的“现场调查走访”栏记录调查走访有关当事人或者证人反映的火灾发生、蔓延、建筑及物品损失等情况，以及火灾现场相关痕迹、物品及建筑、物品被烧损等情况。

（二）公安派出所民警按照简易程序勘验火灾现场时，应做好个人防护工作，防止发生意外。

（三）调查人员应当按程序要求拍摄现场照片，反映现场整体情况和痕迹物品等主要内容，以备按照一般程序调查时使用。

（四）公安派出所火灾事故简易调查过程中，一旦发现所调查的火灾不适用简易程序，或者当事人提出异议的，应当及时移交公安机关消防机构按照一般程序进行调查。

范例4-4-1

××市公安消防大队

## 火灾事故简易调查认定书

（公安机关消防机构印章） 编号：［20××］×××××号

<table>
<tr><td>起火单位（户）</td><td colspan="2">××××大众桑拿浴室</td><td>法定代表人或主要负责人（户主）</td><td>谢××</td></tr>
<tr><td>起火地点</td><td colspan="2">××市××区××路××号</td><td>身份证件号　码</td><td>×××××××</td></tr>
<tr><td>报警时间</td><td colspan="2">××年×月×日×时×分</td><td>联系电话</td><td>×××××××</td></tr>
<tr><td>现场调查走访情况</td><td colspan="4">一、现场调查询问情况：<br>张××（服务员）：下午14时30分左右，我在浴室的干身区看到桑拿房着火了，我就喊失火了，大家就一起来灭火，我看见火就在桑拿炉上方的吊顶在烧，炉子上方靠墙的木板也有火在烧。<br>李××（擦背工）：失火的时候我在现场，当时听到有个服务员喊着火了，我这时在水区擦背的地方，跑出来叫别人断电，切断干蒸房的电，然后我打开干蒸房的门用灭火器喷射，发现干蒸炉的上方的吊顶有火，火苗不大，别的部位没发现有火。<br>刘××（电工）：桑拿炉在18日、19日出现过短路现象，我上午更换了桑拿炉的电线。电线换了之后我试了一下，都是正常的，换好后在10点20分左右，开了桑拿炉试了一段时间后，我们就关掉去吃饭了，在11点30分左右重新开桑拿炉，一直到失火，中途无人开关电源。<br>二、现场勘验情况：<br>浴区内桑拿房的桑拿炉及上方的吊顶过火，桑拿炉的电源线为两根三相电缆线，测量电压为380伏，电缆的绝缘部分被烧焦，未发现熔珠等故障点，吊顶内的电气线路完好，木质吊顶下表面有炭化过火痕迹，上表面无炭化过火痕迹，桑拿炉旁边的墙面的木板有炭化过火痕迹。</td></tr>
<tr><td>火灾事故事实</td><td colspan="4">20××年××月××日×× 时××分许，位于××路××号××大众桑拿浴室的桑拿房发生火灾，经调查起火原因为桑拿房内的桑拿炉故障烤燃周围木板等可燃物所致。火灾主要烧毁桑拿炉、桑拿房内吊顶等物，过火面积约3平方米。</td></tr>
<tr><td>告　知</td><td colspan="4">根据公安部《火灾事故调查规定》第三十六条的规定，适用简易调查程序作出的火灾事故认定，不得提出复核申请。</td></tr>
<tr><td>当事人签　名</td><td>对火灾认定无异议。<br>谢××　　××年××月××日</td><td>收到时间</td><td colspan="2">××年××月××日</td></tr>
<tr><td>调查人员签　名</td><td>卓××　××年××月××日</td><td>认定时间</td><td colspan="2">××年××月××日</td></tr>
<tr><td>备　注</td><td colspan="4">现场照片×张。</td></tr>
</table>

一式×份，交当事人×份，存档一份。

# 第五章 消防监督管理系统使用介绍

目前，公安网开通了消防监督管理系统，专门设置了公安派出所消防监督管理信息化平台。公安派出所在消防监督管理工作中应当使用消防监督管理系统建立消防工作台账，统计、查询、分析消防执法情况，实现消防监督检查网上运行。

## 第一节 系统基本功能

消防监督管理系统功能覆盖消防监督全部业务，使用主体涉及公安部消防局、消防总队、消防支队、消防大队和公安派出所五级用户。公安派出所使用的系统平台，主要由以下子系统组成（部分功能模块需由上级系统管理员授权）：

1.受理登记子系统。包括举报投诉受理登记、火灾事故调查登记、行政处罚受案登记。

2.监督检查子系统。包括生成检查任务、本人检查任务、任务分工管理。

3.火灾调查子系统。包括生成火调任务、火灾事故调查。

4.案件办理子系统。包括行政处罚一般程序、行政处罚简易程序。

5.基础信息子系统。包括单位信息（重点单位和非重点单位）维护和查询功能、管辖审批、建筑信息维护和查询等。

6.查询统计子系统。包括单位查询、建筑查询、监督检查任务查询、监督抽查计划和检查任务查询、火灾调查任务查询、行政处罚任务查询、执法统计、法律文书查询和其他文档查询等。

7.决策分析子系统。包括单位分析、建筑分析、检查分析、隐患分析和单位预警信息。

8.网上督查子系统。包括重点监督库查询信息、缺陷案件库查询信息、督办通知信息、监督处理信息。

9.系统维护子系统。包括代码管理、文书管理、执法单位、处罚知识库、角色管理、流程管理、文书模板、换承办人、项目操作、节假日设置、抽查公式、日志查询等维护。

## 第二节 系统使用指南

### 一、系统登录

打开Internet Explorer（IE浏览器），在地址栏中输入消防监督管理系统站点地址，进入系统（见图5-1）。

系统账号和原始口令信息由各级系统管理员统一管理，系统账号权限根据岗位角色不同进行设置。已分配账号信息的用户可以登录系统进行修改。

图5-1 系统登录界面

### 二、系统首页

系统主菜单显示：基础信息、受理登记、监督检查、火灾调查、行政处罚、档案管理、网上督查、决策分析、查询统计、系统维护（见图5-2）。

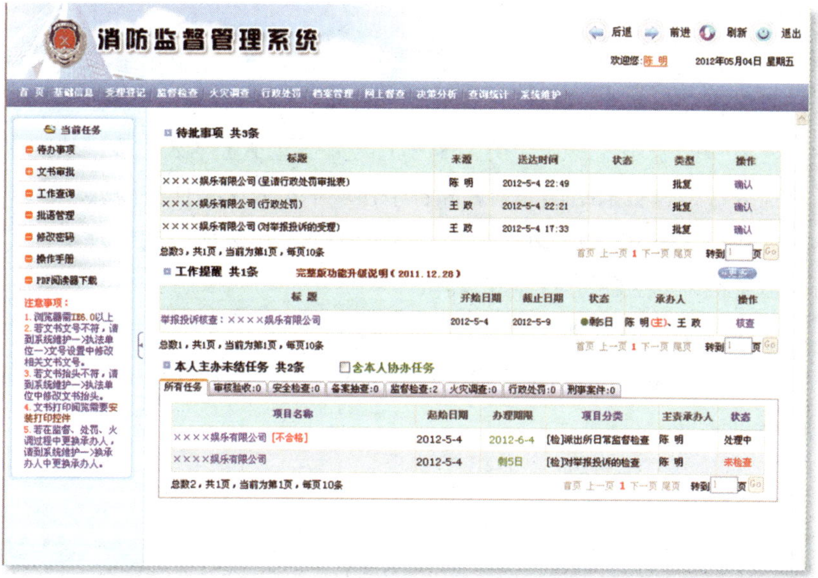


图5-2 首页

首页主窗口显示：待批事项、工作提醒、本人未结任务。此为系统的提醒功能，点击相应的任务或操作项，可进行任务查询或完成相应的操作。

首页左窗口菜单显示：待办事项、文书审批、工作查询、批语管理、修改密码、操作手册、PDF阅读器下载。

（一）待办事项

待办事项列出所有需要本人批阅的任务、文书等各类待批件，显示事项的状态、类型、操作等信息。

（二）工作提醒

工作提醒是指对本人未完成的工作进行提醒。工作提醒默认显示从当日起三日内未完成的工作，点击“更多”，可查看本人未完成的全部工作。

点击“操作”列中的『检查』或『复查』等链接对工作任务进行处理。

（三）本人未结任务

包括本人各业务系统的未结任务，公安派出所用户平台主要涉及监督检查、火灾调查、行政处罚的任务。

此功能采用卡片式切换，卡片上的数字显示了本人在该模块的未结任务数，首页未结任务列表和各个模块中本人未结任务信息一致。

点击列表的“单位名称”，系统将跳转到该任务的处理页面，可以继续对该任务进行相关操作。

（四）文书审批

所有与本人相关的文书，包括待批文书、已批文书、本人文书的查询统计。

（五）工作查询

查询近期将要超期的项目和已经超期的项目，主要涉及监督检查、行政处罚、火灾调查等项目。

（六）批语管理

设置审批过程中的意见（见图5-3）。

图5-3 批语管理页面

（七）修改密码

修改本人密码（见图5-4）。

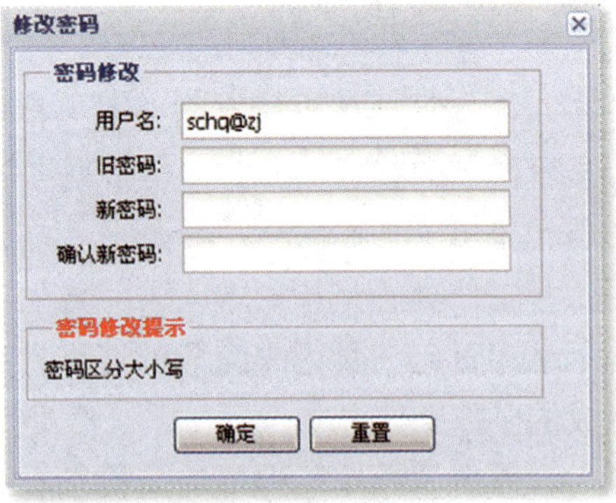

图5-4 修改密码页面

（八）操作手册

提供本系统的用户操作说明的下载。

（九）PDF阅读器下载

系统提供用于文书打印的PDF阅读软件。

## 三、基础信息

### （一）单位管理

维护消防管辖范围内的单位信息，包括单位信息的新增、修改、注销，单位管辖调整及升降级等操作（见图5–5）。

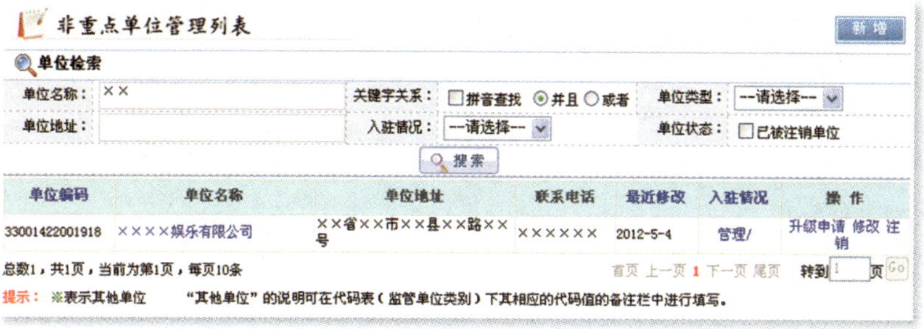


图5–5 单位管理列表

单位分重点单位和非重点单位。公安派出所一般只管辖非重点单位，但可以根据需要确定本派出所的重点管理单位，进行分类管理。显示时重点单位用红色五角星进行标识，一般单位没有标识，其他单位用绿色五角星进行标识。

1.新增重点单位

（1）点击【单位维护】->【重点单位】菜单，进入重点单位管理页面；

（2）首先通过搜索确定要添加的单位是否已经存在，若没有该单位信息，点击『新增』按钮，进入单位新增向导页面；

（3）在单位新增向导页面，选择重点“单位类型”（必填项）及其单位其他情况，点击『下一步』，进入单位基本信息录入页面（见图5–6）；

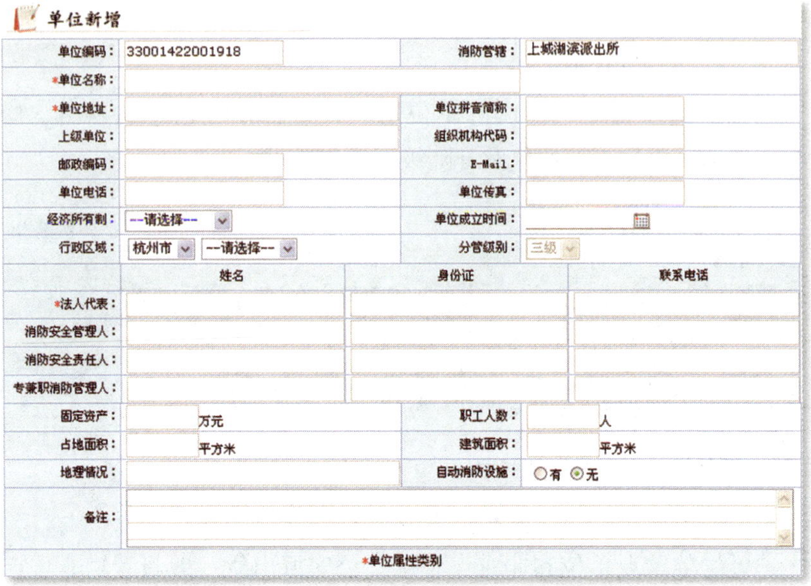


图5-6 新增单位页面

（4）填写单位信息，其中“单位名称”，“单位地址”，“法人代表”、“单位属性”为必填项，单位拼音简称若不填写系统将默认为单位拼音首字母，若“行政区域”没有设置，需在【系统维护】->【执法单位】设置相应管辖的行政区域。单位信息填写完毕后，点击『确定』按钮。若事先没有检索造成新增单位名称重复，保存时将提示单位已存在的信息（包括该单位的单位类别，单位编码，单位地址，消防管辖等信息）。新增重点单位成功后，返回至重点单位管理列表。

2.修改重点单位信息

（1）重点单位管理列表中，在需修改的单位所在行点击『修改』按钮，进入单位信息维护页面，点击『单位基本信息维护』，进入重点单位基本信息修改页面；

（2）填写修改信息完毕后，点击『确定』完成重点单位信息修改，返回单位信息维护页面。

3.重点单位注销

重点单位管理列表中，在要注销的单位所在行选择『注销』按钮，弹出注销确认，点击『确认』，注销该单位，成功后返回重点单位列表。若要恢复已注销的单位，可在单位列表中“单位状态”一栏选择已注销单位，点击查询，在查询结果中找到要恢复的单位，点击『恢复』按钮，即完成单位的恢复操作。

4.重点单位降级

（1）重点单位管理列表中，选择要降级的单位，点击『降级』按钮，进入单位级别管理页面（见图5–7）；

（2）填写降级理由及降级后的单位属性（必填项），点击『确定』，成功后返回重点单位列表（注：此时该单位被降级后将出现在一般单位列表中）。

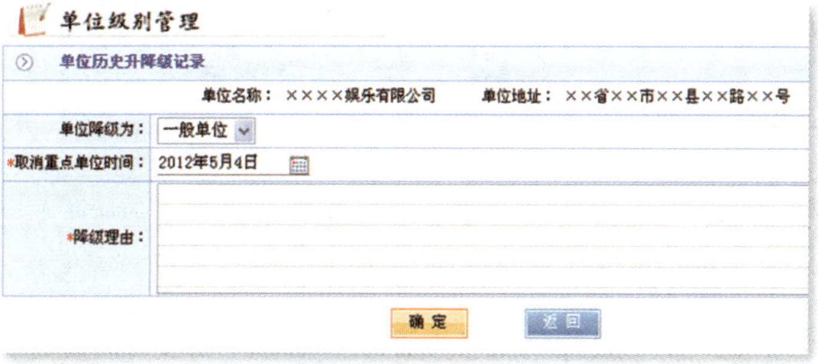


图5–7 单位级别管辖

5.非重点单位新增、修改、注销

具体操作同以上重点单位相关操作。

6.非重点单位升级申请

（1）进入非重点单位管理列表：拥有[消防安全重点单位管理]权限的用户可直接进入升级页面，无需进行申请操作，若存在该单位申请记录，则提示“已经存在该单位的申请记录”；一般用户点击『升级申请』按钮，进入申请页面（若该单位已经申请且尚未审核，将提示用户该单位已经被其他用户进行过升级申请的操作，见图5–8）；

图5–8 单位升级申请

（2）单位升级申请页面：填写升级理由和单位性质（必填项），及其他单位信息，点击『确定』，完成一般单位升级申请的填写，进入申请发送页面。选择审批人后，点击『发送』即完成单位升级申请的操作。发送成功后，返回单位申请记录列表，相关审批人进入系统后会在待批事项中，提示该审批信息。

7.辖区调整

（1）点击【单位维护】–>【辖区调整】菜单，进入辖区调整单位列表页面，选择相应单位点击『调整』按钮，进入单位调整页面（见图5–9）；

（2）填写调整信息后，点击『确定』完成对该单位的管辖调整，返回管辖调整单位列表页面。

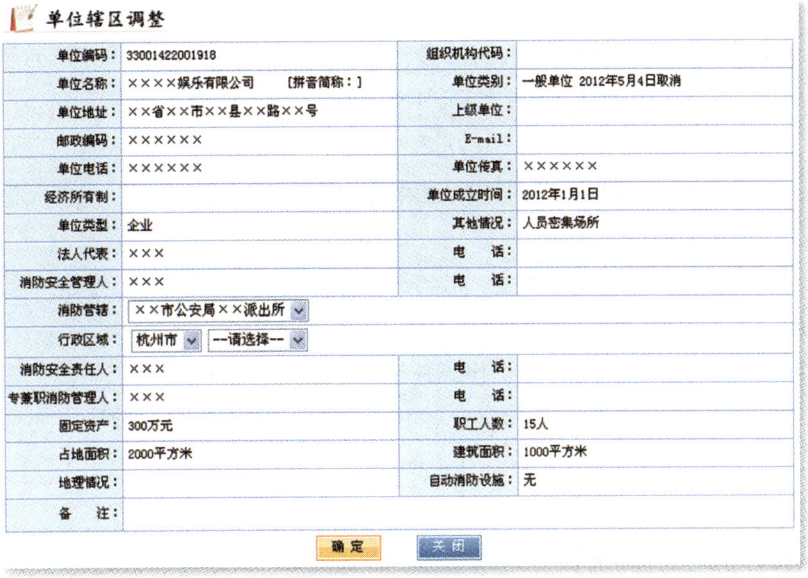

单位辖区调整

| | | | |
|---|---|---|---|
| 单位编码： | 33001422001918 | 组织机构代码： | |
| 单位名称： | ××××娱乐有限公司 [拼音简称：] | 单位类别： | 一般单位 2012年5月4日取消 |
| 单位地址： | ××省××市××县××路××号 | 上级单位： | |
| 邮政编码： | ×××××× | E-mail： | |
| 单位电话： | ×××××× | 单位传真： | ×××××× |
| 经济所有制： | | 单位成立时间： | 2012年1月1日 |
| 单位类型： | 企业 | 其他情况： | 人员密集场所 |
| 法人代表： | ××× | 电 话： | |
| 消防安全管理人： | ××× | 电 话： | |
| 消防管辖： | ××市公安局××派出所 | | |
| 行政区域： | 杭州市 --请选择-- | | |
| 消防安全责任人： | ××× | 电 话： | |
| 专兼职消防管理人： | ××× | 电 话： | |
| 固定资产： | 300万元 | 职工人数： | 15人 |
| 占地面积： | 2000平方米 | 建筑面积： | 1000平方米 |
| 地理情况： | | 自动消防设施： | 无 |
| 备 注： | | | |

确 定　关 闭

图5–9 单位辖区调整

8.执法档案查询

可以查看单位相关的审核验收档案、安全检查档案 、备案抽查档案、监督检查档案、火灾调查档案、行政处罚档案、刑事案件档案，公安机关消防机构或公安派出所制发的法律文书。

9.重点单位账号管理

主要用于导出、查看重点单位登录外网重点单位管理系统时的默认账号。（此项一般由公安机关消防机构管理）

10.重点单位信息比对

主要用于当外网重点单位系统中单位用户对单位信息进行修改后，内网监督系统对该信息进行比对，以更新监督系统上的重点单位信息。（此项一般由公安机关消防机构管理）

（二）管辖审批

主要记录单位升降级，及单位申请升级的记录。

单位升（降）级以及单位升（降）级申请页面的左上角均有『单位历史升降级记录』的链接，单位历史升降级记录可以作为此次单位升降级操作的参考。

（三）建筑管理

对消防管理辖区内的建筑物信息进行维护。

1.新增建筑

（1）点击【建筑管理】选项，进入建筑管理页面，点击『新增』按钮，进入建筑信息填写页面（见图5–10）；

（2）填写建筑名称、建筑地址、建筑产权情况、建筑类别、建筑结构、耐火等级（必填项）等建筑信息后，点击『确定』，完成建筑信息录入，返回建筑管理页面。

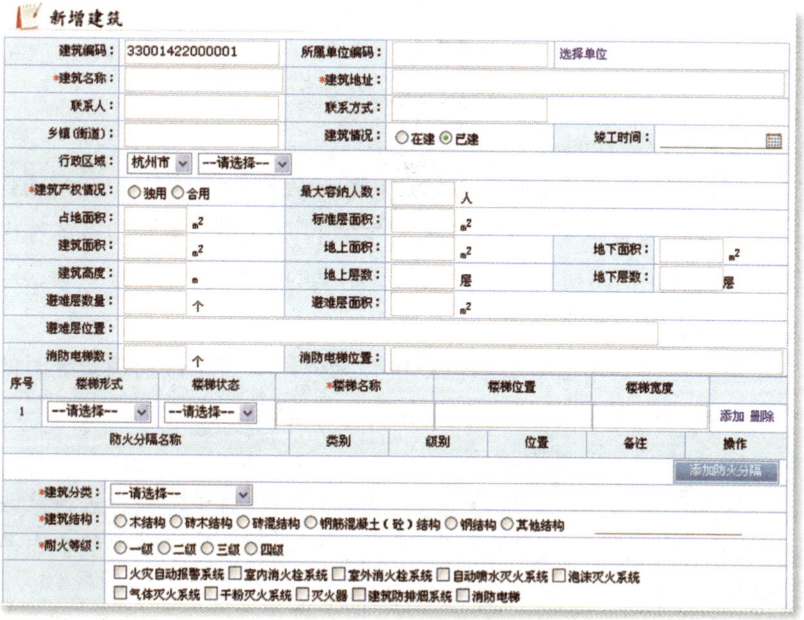


图5–10 新增建筑

2.建筑修改

（1）点击【建筑管理】选项，进入建筑管理页面，选择相应建筑，点击『修改』，进入建筑修改页面；

（2）填写修改信息，点击『确定』，完成建筑信息修改后，返回建筑管理页面。

3.建筑注销

点击【建筑管理】选项，进入建筑管理页面，选择相应建筑，点击『注销』，弹出确认对话框，点击『确定』，完成建筑注销操作。若要恢复已注销的建筑可在建筑列表的页面中选择已被注销建筑查询条件，点击查询，在查询结果中找到要恢复的建筑，点击『恢复』按钮，即完成建筑的恢复操作。

4.辖区调整

（1）点击【建筑管理】->【辖区调整】菜单，进入建筑辖区调整单位列表页面，选择相应单位点击『调整』按钮，进入单位调整页面；

（2）填写调整信息后，点击『确定』完成对该建筑的辖区调整，返回辖区调整单位列表页面；（注：可设置查询条件中的“消防管辖”，查看建筑是否已经调整到相应的管辖单位）

（四）查询统计

1.单位信息库：对所有单位及单位信息进行查询。

2.建筑信息库：对所有建筑信息进行查询。

3.入驻查询：对单位入驻建筑信息进行查询。

## 四、受理登记

（一）举报投诉受理登记

主要用于举报投诉的受理登记。受理人员点击【举报投诉受理登记】，进入举报、投诉任务列表。举报投诉受理分为直接受理和公众服务平台举报投诉处理两种方式（见图5-11）。

图5-11 举报投诉检查任务

1.直接受理

点击『新增受理』按钮，进入检查项目生成向导页面：

（1）在检查项目生成向导页面查询需要检查的单位，如果单位不存在，可以通过『新增单位』功能增加单位，点击“单位名称”进入《消防违法行为举报、投诉查处情况记录》填写页面（见图5-12）；

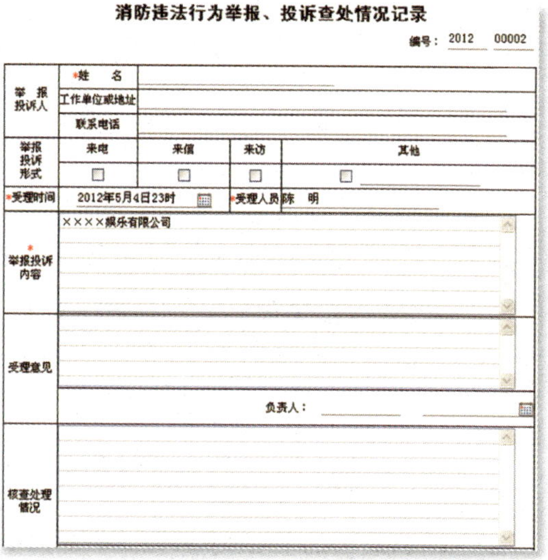


图5-12 填写举报投诉查处情况记录

（2）根据实际情况填写《消防违法行为举报、投诉查处情况记录》中的相关信息；

（3）点击『提交』，数据保存后系统自动返回登记列表页面；

（4）在列表中点击『发送』将刚生成的《消防违法行为举报、投诉查处情况记录》发送进入审批录入页面，填写相关信息并选择审批流程和相应的流转人，点击发送按钮，进入分工办案流程。

2.公众服务平台举报投诉处理

（1）点击『公众服务平台举报投诉处理』按钮，进入公众服务平台举报、投诉任务列表页面；

（2）对未处理的举报投诉任务点击列表中的『处理』操作，进入处理页面。可对该任务进行转发、提取、直接回复、作废操作。

（二）火灾事故调查登记

主要用于各类火灾事故调查的入口登记。有火灾事故调查权限的公安派出所使用此功能模块，一般适用简易程序调查的火灾。

受理人员点击【火灾调查立案登记】，主窗口显示已登记的火灾调查项目。

点击主窗口页面右上角『受理登记』按钮，系统进入火灾调查生成向导页面（见图5-13）：

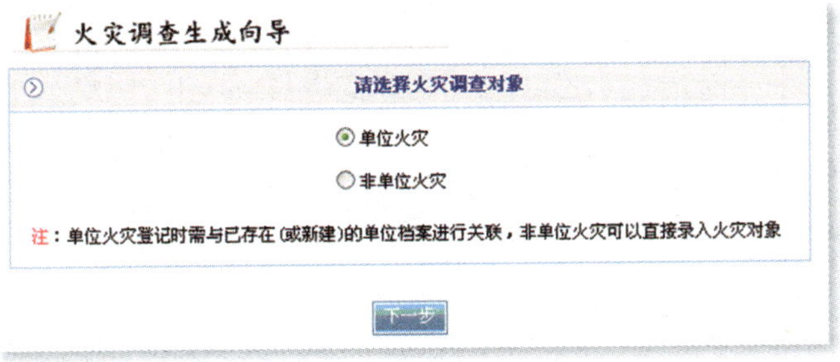


图5-13 火灾调查生成向导

1.选择火灾调查对象类型为“单位火灾”的，进入单位选择页面，找到目标单位；若单位不存在，则可以通过『新增单位』进行添加。点击单位名称，打开《火灾事故调查登记表》；根据实际情况填写表单中的相关信息（见图5-14）；点击『保存』，成功保存后跳转进入火灾调查立案登记列表页面，选择相关项目点击『发送』，进入审批分工流程。

2. 选择火灾调查对象类型为“非单位火灾”的，则出现起火对象和地点，根据实际情况填写，点击『下一步』进入火灾事故调查登记表页面，填写报案人信息、起火时间地点等信息，点击『保存』完成登记表的录入。完成后自动转入立案登记项目列表页，点击『发送』进入审批分工流程。

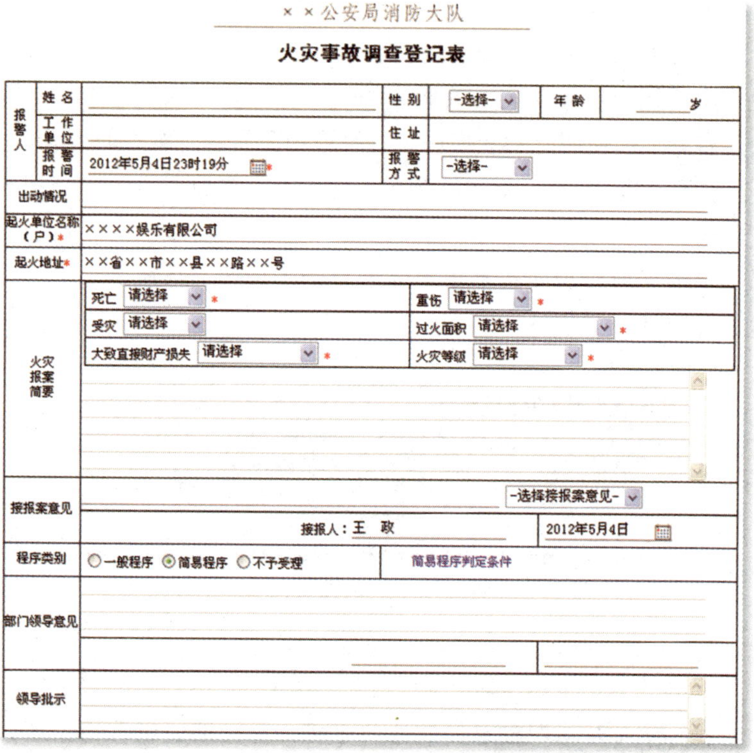

××公安局消防大队

火灾事故调查登记表

| | | | | | | |
|---|---|---|---|---|---|---|
| 报警人 | 姓名 | | 性别 | -选择- | 年龄 | 岁 |
| | 工作单位 | | 住址 | | | |
| | 报警时间 | 2012年5月4日23时19分 * | 报警方式 | -选择- | | |
| 出动情况 | | | | | | |
| 起火单位名称（户）* | ××××娱乐有限公司 | | | | | |
| 起火地址* | ××省××市××县××路××号 | | | | | |
| 火灾报案简要 | 死亡 请选择 * | | 重伤 请选择 * | | | |
| | 受灾 请选择 | | 过火面积 请选择 * | | | |
| | 大致直接财产损失 请选择 * | | 火灾等级 请选择 * | | | |
| 接报案意见 | -选择接报案意见- | | | | | |
| | 接报人：王 政 | | 2012年5月4日 | | | |
| 程序类别 | ○一般程序 ⊙简易程序 ○不予受理 | | 简易程序判定条件 | | | |
| 部门领导意见 | | | | | | |
| 领导批示 | | | | | | |

图5-14 填写《火灾事故调查登记表》

（三）行政处罚受案登记

主要用于直接行政处罚受案登记。行政处罚的受案登记主要来自于监督检查过程中的受案、火灾调查中的受案，也可以直接新增受案登记（即与监督检查、火灾调查等不关联的案件）。

受理人员点击“受案登记”，系统会自动显示受案登记列表页面，列表中包括文号、处罚对象、受案人、受案日期、状态和相关操作等信息。点击文号，可查看受案登记信息；点击处罚对象，可查看该任务信息。列表页面中可以通过设置处罚对象名称、受案时间、受案人和处罚地址等条件检索相关受案登记信息。

点击列表页面右上方的“新增”按钮，系统进入直接受案的受理登记过程：

1.根据实际情况选择处罚对象类型和处罚来源类型，点击下一步（见图5–15）；

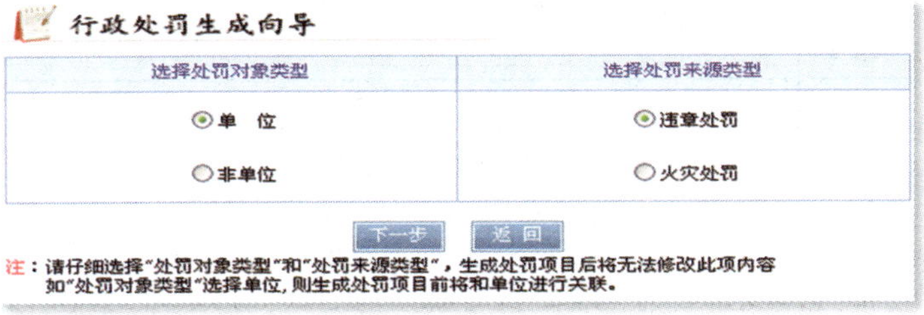


图5–15 行政处罚生成向导

2.如果处罚对象类型选择非单位，将进入处罚对象信息录入页面，添加处罚对象名称、处罚对象地址，点击下一步进入受案登记表录入页面（见图5–16）；

3.如果处罚对象类型选择单位，将进入单位选择页面，查询单位，并点击单位名称，进入受案登记表录入页面；

4.案由可选择多个。点击案由类别可展开或收缩该类别下的所有案由。

录入完成后点击『保存』即可。保存成功后将返回到受案登记列表页面。

受案登记表填写后需要发送给领导审批并确定承办人，并生成受案登记文书。

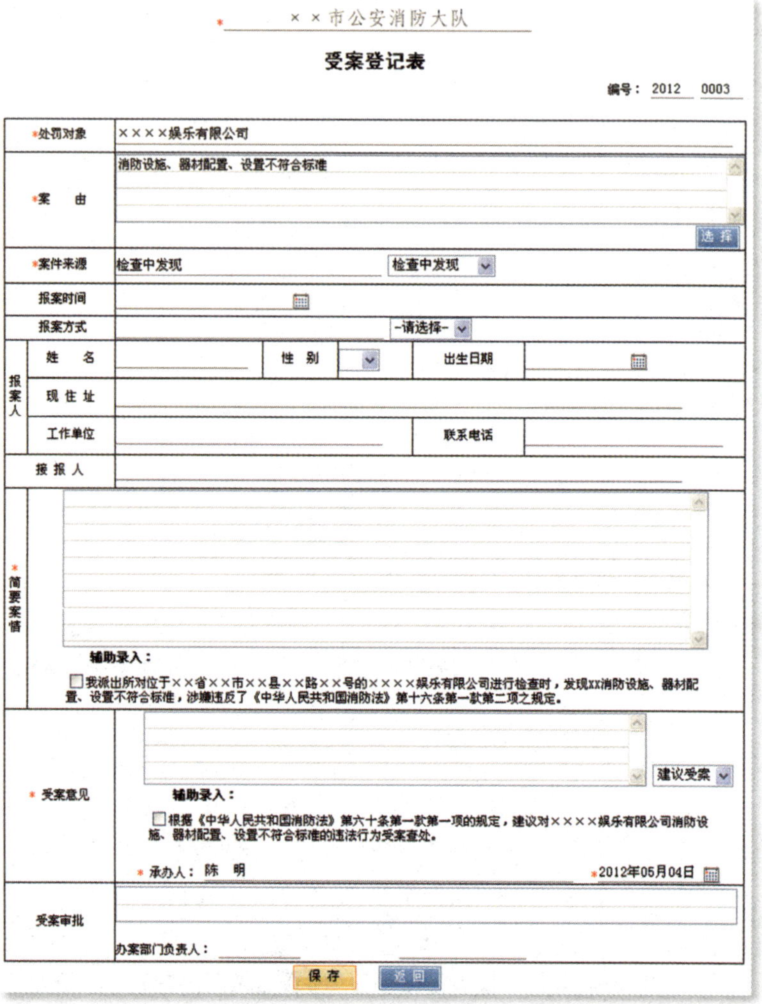

* ××市公安消防大队

**受案登记表**

编号：2012 0003

| | | | | | |
|---|---|---|---|---|---|
| *处罚对象 | ××××娱乐有限公司 | | | | |
| *案 由 | 消防设施、器材配置、设置不符合标准 选 择 | | | | |
| *案件来源 | 检查中发现 检查中发现 | | | | |
| 报案时间 | | | | | |
| 报案方式 | -请选择- | | | | |
| 报案人 姓 名 | | 性 别 | | 出生日期 | |
| 报案人 现住址 | | | | | |
| 报案人 工作单位 | | | | 联系电话 | |
| 接 报 人 | | | | | |
| *简要案情 | 辅助录入：□我派出所对位于××省××市××县××路××号的××××娱乐有限公司进行检查时，发现XX消防设施、器材配置、设置不符合标准，涉嫌违反了《中华人民共和国消防法》第十六条第一款第二项之规定。 | | | | |
| * 受案意见 | 建议受案 辅助录入：□根据《中华人民共和国消防法》第六十条第一款第一项的规定，建议对××××娱乐有限公司消防设施、器材配置、设置不符合标准的违法行为受案查处。 * 承办人：陈 明 *2012年05月04日 | | | | |
| 受案审批 | 办案部门负责人： | | | | |

保 存 返 回

图5-16 填写《受案登记表》

## 五、监督检查

### （一）生成检查任务

1.抽样计划。用于对社会单位按照一定的比例进行抽样检查。

操作本模块需要[消防监督抽样计划]或[消防监督分工管理]的权限。

选择菜单【监督检查】->【抽样计划】，进入抽样检查任务列表页面，制定年度抽样检查计划。页面由上到下分别显示抽样性监督检查量化标准、辖区现已录入单位数及年度抽样检查总计划列表（见图5-17）。在量化标准中，包括抽样单位数和抽样公式的描述。进入【系统维护】->【抽样公式】，可设置单位抽查计算公式的相关参数。

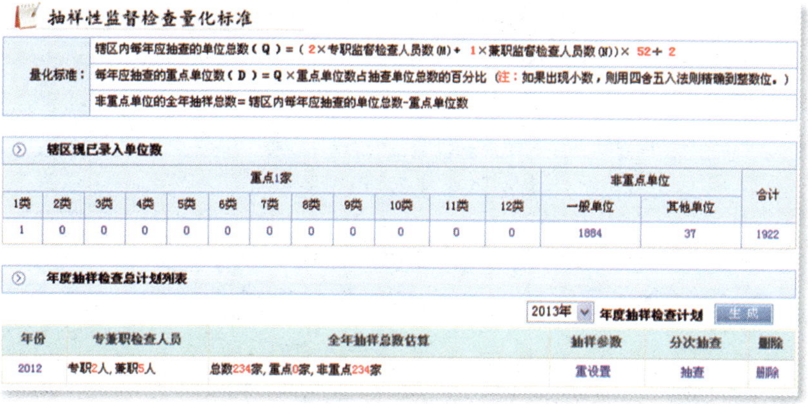


图5-17 年度抽样检查总计划

在某一年的计划列表点击『抽查』，进入本单位该年度分次抽查列表页面。点击『进行第1抽查』进入该次抽查任务详细设置页面，对该抽查任务的实施时间、抽查范围、抽查方式、单位数及任务负责人（必填项）进行设置（见图5-18）。确定后，提示“该抽样计划名单已生成，请到‘分工管理>>任务分工’中及时分工！”回到分次抽查列表点击『分工』进入分工页面确定主承办人及协办人。

2.日常监督抽查。用于对重点单位和非重点单位进行日常检查。

选择菜单【监督检查】->【日常监督检查】，进入“日常监督检查”任务列表页面（见图5-19）：

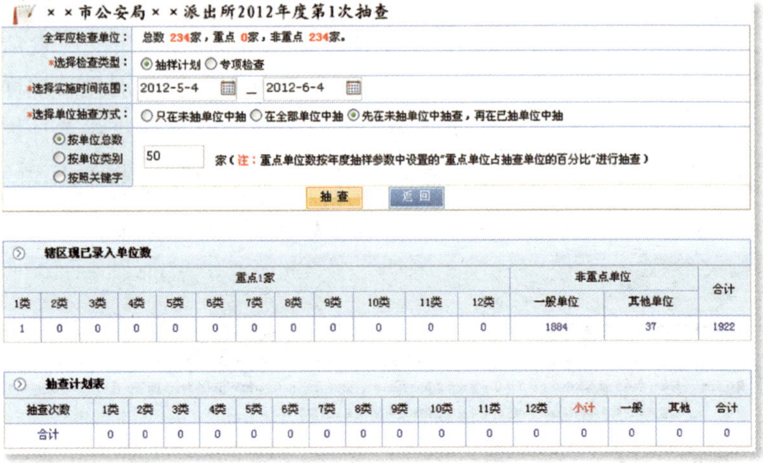


图5-18 某年度分次抽查页面

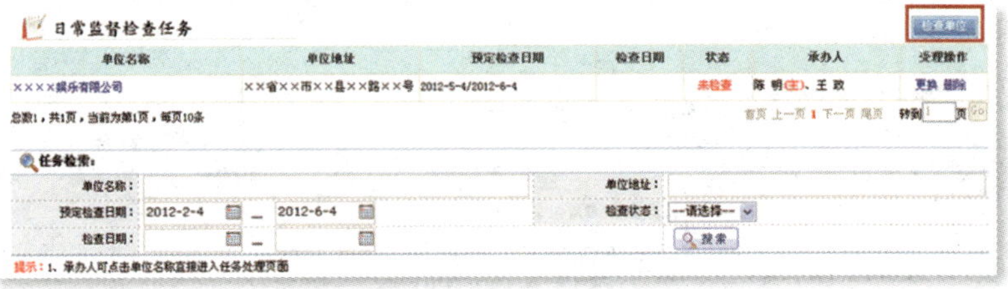


图5-19 日常监督检查列表页面

（1）点击『检查单位』按钮，进入“检查项目生成向导”页面，在单位列表选择需要抽查的单位；选择单位时可先检索，检索条件为单位名称，单位地址，单位类型，单位所属消防管辖等；若通过检索确定没有该检查的单位，则点击列表下方『新增单位』按钮对该单位信息进行登记。

（2）单位列表中已显示要检索的单位，则点击该单位名称，进入检查分工页面，选择检查日期、截止日期、主承办人、协办人。

（3）点击『确定』按钮后，跳出提示“已生成检查项目，是否继续生成检查”，若选择『是』，则回到单位列表继续抽取要检查的单位，若选择『否』，则回到“单位监督抽查”任务列表页面。

（4）单位抽查任务列表一经生成，主承办人和协办人登录系统时首页工作提醒中就会出现该任务，点击“检查”链接即可进入项目检查过程（见图5-20）。

图5-20 检查过程文书生成页面

3.举报投诉。用于对重点单位和非重点单位的举报投诉进行处理。举报、投诉检查操作步骤如下：

（1）新增受理操作同受理登记中的举报投诉受理登记；

（2）保存后发送给领导审批，领导审批并指定承办人（见图5-21）；

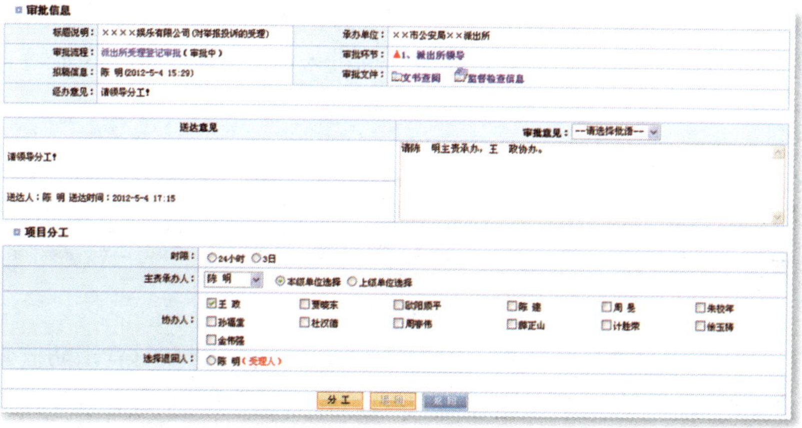


图5-21 领导分工审批页面

（3）主承办人和协办人的工作提醒中出现该项目，点击『检查』，进入项目检查过程（或者在本人未结任务中，点击单位名称，进入检查过程）；

（4）举报投诉检查主任务页面，上方列出项目编号、被检查单位名称、单位地址、项目类别、单位主管人、消防安全管理人、消防安全责任人、联系电话、防火监督员、承办人信息以及处理过程中所发的文书信息；

（5）根据检查的情况，添加相应的法律文书；

（6）检查合格或复查合格或转行政处罚后，任务中会出现『结束任务』按钮，结束该举报投诉的检查。（注意：在点击『结束任务』按钮之前请仔细检查是否还有未处理完成的法律文书，一旦结束该项目将无法回退。）

4.复查申请。用于监督检查的复查受理登记。

（二）本人检查任务

1.本人未结任务。列出本人承办或协办的所有监督检查未结任务，并提供继续处理该任务的入口。

选择菜单【本人检查任务】->【本人未结任务】，进入本人未结任务列表页面，列表中可以查看项目的状态，处理中的项目可以看到项目是什么状态，点击单位名称进入检查过程，继续完成检查任务（见图5-22）。

本人未结任务　　"●"表示检查超期　"●"表示检查截止日

| 单位名称 | 预定检查日期 | 检查日期 | 检查类型 | 承办人 | 状态 |
|---|---|---|---|---|---|
| ××××娱乐有限公司 | 2012-5-4/2012-5-9 | | 举报投诉检查 | 陈 明(主)、王 政 | 未检查 |
| ××××娱乐有限公司 | 2012-5-4/2012-6-4 | | 派出所日常监督检查 | 陈 明(主)、王 政 | 未检查 |

总数2，共1页，当前为第1页，每页10条　　首页 上一页 1 下一页 尾页 转到 1 页 Go

图5-22 本人未结检查任务列表

如果该单位还未检查，则选择填写《公安派出所日常消防监督检查记录》，填完后点击保存选择监督检查结果，生成并制发检查记录文书。若检查结果合格则任务结束，不合格则根据流程填写相关的文书，等待复查。

若检查不合格，发现依法应当责令改正的消防安全违法行为，当场制作《责令改正通知书》，并进行送达登记（见图5-23）。

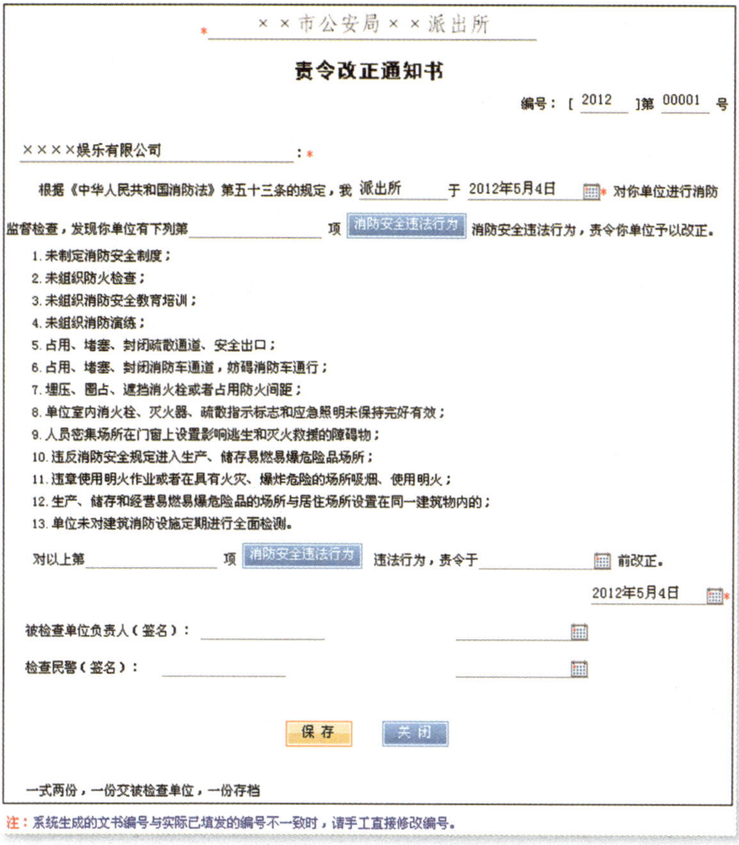
* ××市公安局××派出所

责令改正通知书

编号：［ 2012 ］第 00001 号

××××娱乐有限公司 ：*

根据《中华人民共和国消防法》第五十三条的规定，我 派出所 于 2012年5月4日 * 对你单位进行消防监督检查，发现你单位有下列第 ______ 项 消防安全违法行为 消防安全违法行为，责令你单位予以改正。

1. 未制定消防安全制度；
2. 未组织防火检查；
3. 未组织消防安全教育培训；
4. 未组织消防演练；
5. 占用、堵塞、封闭疏散通道、安全出口；
6. 占用、堵塞、封闭消防车通道，妨碍消防车通行；
7. 埋压、圈占、遮挡消火栓或者占用防火间距；
8. 单位室内消火栓、灭火器、疏散指示标志和应急照明未保持完好有效；
9. 人员密集场所在门窗上设置影响逃生和灭火救援的障碍物；
10. 违反消防安全规定进入生产、储存易燃易爆危险品场所；
11. 违章使用明火作业或者在具有火灾、爆炸危险的场所吸烟、使用明火；
12. 生产、储存和经营易燃易爆危险品的场所与居住场所设置在同一建筑物内的；
13. 单位未对建筑消防设施定期进行全面检测。

对以上第 ______ 项 消防安全违法行为 违法行为，责令于 ______ 前改正。

2012年5月4日 *

被检查单位负责人（签名）：______

检查民警（签名）：______

保 存　关 闭

一式两份，一份交被检查单位，一份存档

注：系统生成的文书编号与实际已填发的编号不一致时，请手工直接修改编号。

图5-23 填写《责令改正通知书》

2.本人已结任务。列出本人承办或协办的所有监督检查已结任务。

（三）任务分工管理

主要用于对抽样计划中生成的检查任务进行分工及对已经分工的任务进行调整。

（四）隐患跟踪管理

主要对复查后仍然存在一般隐患的单位，对其后期整改情况进行登记。

## 六、火灾调查

根据各地公安机关的授权或委托，有火灾事故调查权限的公安派出所，应用火灾调查子系统录入火灾事故调查信息、出具相关文书。

（一）生成火调任务

火灾调查子系统的入口，主要用于各类火灾事故的调查受理登记、送审操作。新增受理操作同火灾事故调查登记。

（二）火灾事故调查

主要用于调查人员对承办的火灾事故调查项目进行相关操作，具体功能包括火灾现场保护、调查取证、损失统计、案件移送、事故认定、事故处理、结案存档等多个业务流程的实现及相关文书的录入流转功能。

1.本人未结任务。点击进入未结任务列表中“起火对象”名称，可以继续办理火灾调查案件，进入火灾调查工作流程。

2.本人已结任务。已结任务列表显示本人和本单位的已结火灾调查任务，点击“起火对象”名称可以查看案件所有信息。

## 七、行政处罚

（一）受案登记

主要用于行政处罚受案登记。新增受理同行政处罚受案登记。

（二）处罚任务

1.本人未结任务。用于管理本人承办的未结处罚任务。点击进入本模块，系统会自动显示本人未结任务列表页面，列表中包括处罚对象、受案登记表、受案日期、办案期限、承办人、状态等信息。点击“处罚对象”可进入任务主页面来继续办案（见图5-24）。

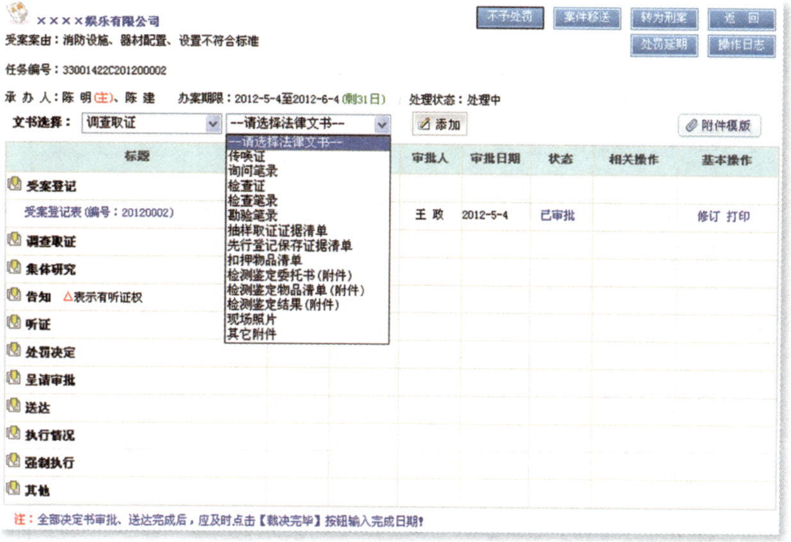


图5-24 未结处罚任务页面

根据办案需要制作《检查证》、《传唤证》、《询问笔录》，录入相关证据资料，制作《呈请行政处罚审批表》、《公安行政处罚告知笔录》、《公安行政处罚决定书》（见图5-25），发送领导审批、送达。其中，《呈请行政处罚审批表》和《行政处罚决定书》可以进行一对一或合并审批。完成审批后进行文书送达。

2.本人已结任务。用于管理本人承办的已结处罚任务。可以通过设置处罚对象名称、受案时间、处罚类型和处理结果等条件检索相关任务信息。

案件处理完成时（即已产生处理结果），起草《送达回执》。当全部法律文书都送达完毕后，须点击『裁决完毕』按钮，填写“裁决完毕日期”，系统以此日期计算办案期限（见图5-26）。

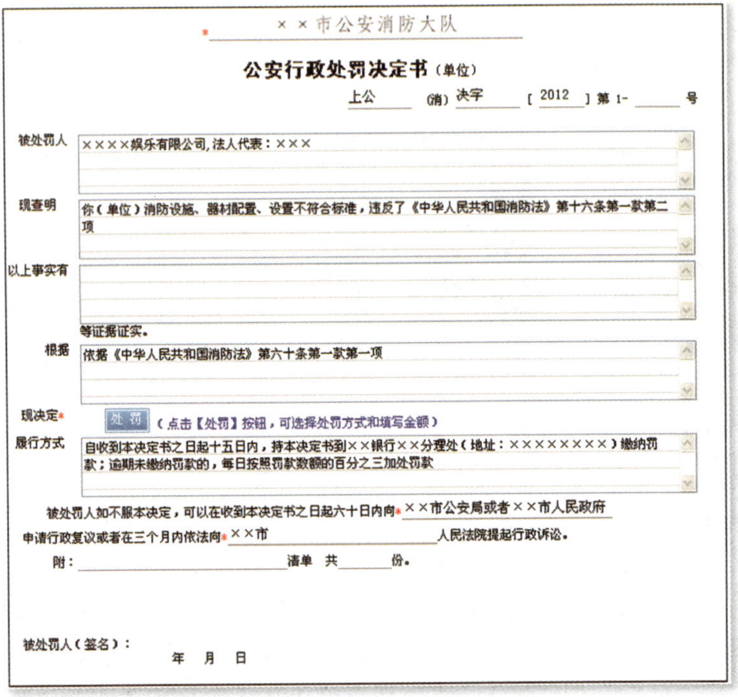

××市公安消防大队

公安行政处罚决定书（单位）

上公 (消) 决字 [ 2012 ] 第 1- 号

被处罚人 ××××娱乐有限公司，法人代表：×××

现查明 你（单位）消防设施、器材配置、设置不符合标准，违反了《中华人民共和国消防法》第十六条第一款第二项

以上事实有

等证据证实。

根据 依据《中华人民共和国消防法》第六十条第一款第一项

现决定* 处罚 （点击【处罚】按钮，可选择处罚方式和填写金额）

履行方式 自收到本决定书之日起十五日内，持本决定书到××银行××分理处（地址：××××××××）缴纳罚款；逾期未缴纳罚款的，每日按照罚款数额的百分之三加处罚款

被处罚人如不服本决定，可以在收到本决定书之日起六十日内向* ××市公安局或者××市人民政府

申请行政复议或者在三个月内依法向* ××市 人民法院提起行政诉讼。

附： 清单 共 份。

被处罚人（签名）：

年 月 日

图5-25 制作《公安行政处罚决定书》

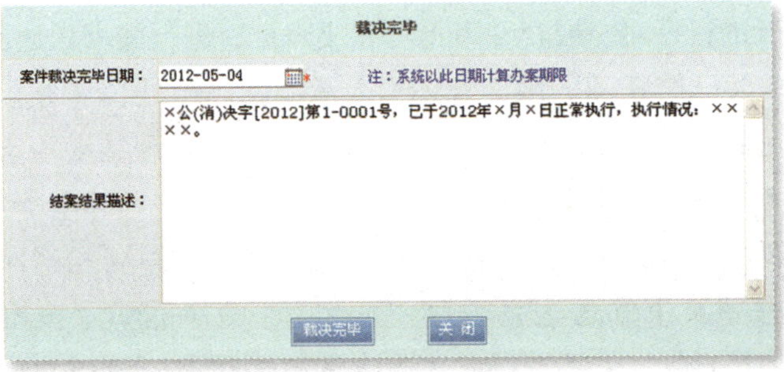

裁决完毕

案件裁决完毕日期： 2012-05-04 * 注：系统以此日期计算办案期限

结案结果描述： ×公(消)决字[2012]第1-0001号，已于2012年×月×日正常执行，执行情况：××××。

裁决完毕 关闭

图5-26 裁决完毕页面

对于已裁决的项目，如果发现处理过程中存在问题或错误，可以点击『裁决完毕』按钮，进行『撤销裁决』。

待任务全部送达完成后，及时进行『结束任务』操作。任务结束后，任务状态变为“已结束”，所有的文书都将不能再进行录入和修改。

## 八、档案管理

任务归档功能，主要用于对任务的归档类别进行选择、修改。

## 九、网上督查

### （一）重点监督库

用于查看本单位的监督检查、监督复查、行政处罚、火灾调查等超期任务，以及集体研究、减免处罚、举报投诉、年度未抽查单位、任务结案等情况。

### （二）缺陷案件库

网上考评中有缺陷的任务加入到缺陷案件库中，本模块提供缺陷案件的查询功能。

### （三）督办通知

提供监督结果告知功能。上级机关“网上督查”人员形成监督意见，报本级领导审批后，通过“督办通知”栏目发送给被监督单位，限期要求改正，反馈改正结果。

## 十、决策分析

包括单位分析、建筑分析、检查分析、隐患分析、单位预警等功能，提供各类数据、图标统计结果，为监督人员正确把握辖区单位、建筑及隐患基本信息、督促火灾隐患整改提供参考。

## 十一、查询统计

提供基础信息库、隐患统计分析、执法动态统计、监督检查、火灾调查、行政处罚、法律文书、移交任务等执法数据查询功能。

## 十二、系统维护

系统维护子系统由具备系统操作权限的系统管理员进行后台维护管理，对法律文书、执法单位、处罚知识库、执法角色、执法流程、节假日等基本要素进行统一设置。

# 第六章 推动街道、乡镇落实消防安全网格化管理

消防安全网格化管理，就是按照属地管理原则，在城市街道办事处以社区为单元，在乡镇人民政府以村屯为单元，划分若干消防安全管理网络，对网格内的单位、场所、居（村）民楼院、村组实施动态管理，构建“全覆盖、无盲区”的消防管理网络（见图6–1）。

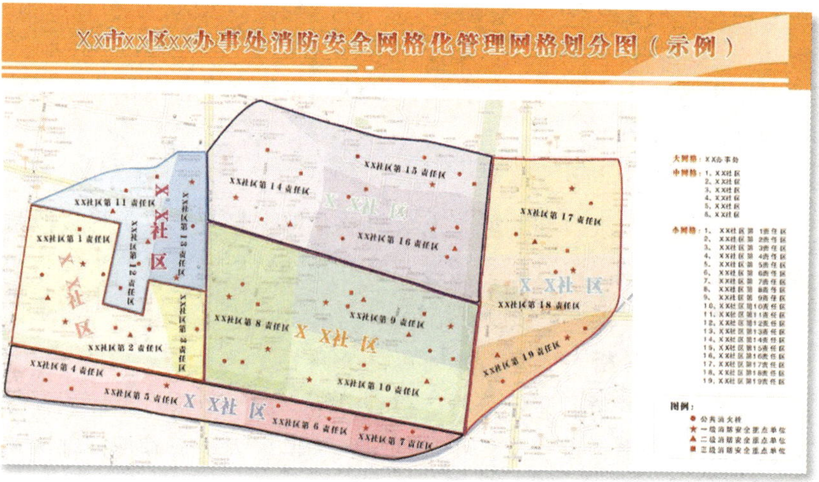


图6–1 某地消防安全网格化管理网格划分图

## 第一节 消防安全网格化管理职责分工

### 一、街道办事处、乡镇人民政府责任

街道办事处、乡镇人民政府主要负责人是消防安全网格化管理的第一责任人，分管负责人为主要责任人。要成立由主要领导负责，公安派出所、综治办、安监办、民政所、工商所等部门负责人参加的消防安全委员会，定期召开联席会议，研究解决消防工作

突出问题。要依托公安派出所、综治办、安监办等部门设立消防办公室，明确消防专（兼）职管理人员，负责日常消防管理工作；鼓励有条件的街道、乡镇成立消防工作专门机构（见图6–2）。

图6–2 街道、乡镇消防工作机构

## 二、居民委员会、村民委员会责任

居民委员会、村民委员会主任是网格中消防工作的第一责任人，对本网格消防安全管理全面负责；社区、村“两委”委员应确定1至2名消防专（兼）职管理人员，具体负责本级消防安全网格化管理日常工作，组织建立防火安全公约，开展经常性防火检查、消防宣传教育和组织扑救初起火灾（见图6–3）。

图6–3 “两委”专（兼）职消防管理人员开展检查

## 三、居民楼院、村组责任

居民楼院（小区）、村组要建立由楼院长、村组负责人牵头的群众性消防安全志愿组织，在居民群众中确定消防管理员和消防宣传员，实行“多户联防、区域联防”，开展消防安全自我检查、自我宣传、自我管理等群防群治工作（见图6–4）。

图6-4 村（居）民开展群防群治

## 四、社会单位、场所责任

网格中的机关、团体、企业、事业单位要全面落实消防安全主体责任，开展消防安全“四个能力”（检查消除火灾隐患能力、扑救初起火灾能力、组织人员疏散逃生能力和消防宣传教育能力）建设达标创建活动；沿街门店、家庭式作坊等小场所、小单位要结合实际开展防火检查巡查和消防教育培训工作，确保员工达到“一懂三会”（懂本单位火灾危险性，会报火警、会扑救初起火灾、会火场逃生自救）的要求（见图6-5、6-6）。

图6-5 单位“四个能力”建设疏散逃生演练

图6-6 单位保安人员开展防火检查巡查

## 五、基层有关监管部门责任

街道办事处、乡镇人民政府综治办要组织治安巡防队员、基层治保员等综治力量，积极开展防火检查巡查和消防宣传；民政所要将居（村）民委员会建设、社区建设和减灾、救灾等工作与消防工作有机结合，督促基层政权组织做好消防管理工作；工商所要结合工商行政管理职能，协助配合公安消防部门和公安派出所，加强对本辖区内生产经营单位消防安全状况的监督检查；安监办要结合工矿商贸企业安全生产监督检查，发现火灾隐患，能当场整改的要督促整改，不能当场整改的要及时通报公安派出所或公安消防部门；公安派出所要依法开展日常消防监督检查和消防宣传教育；公安消防部门要建立健全分包联系机制，指导街道、乡镇和社区、村屯落实消防安全网格化管理工作（见图6–7）。

图6–8为某地街道办、乡镇上墙悬挂的消防安全网格化管理责任主体明确图。

图6–7 基层监管部门开展联合检查

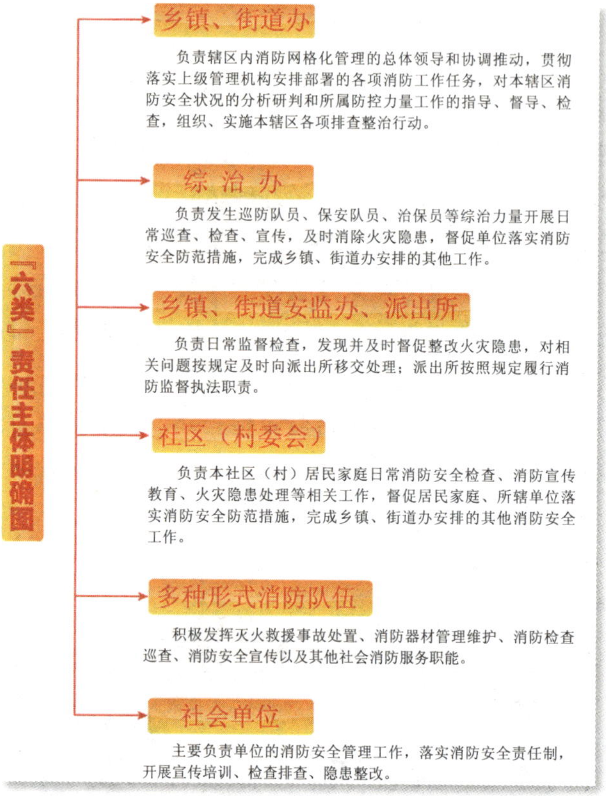


图6-8 某地消防安全网格化管理责任主体明确图

## 第二节 消防安全网格化管理工作内容

### 一、开展常态化消防安全检查

街道办事处、乡镇人民政府要每季度组织公安派出所、综治办、安监办、民政所、工商所等部门，开展针对性的消防安全检查，火灾多发季节、重大节假日期间和农业收获季节要加强防火检查（见图6-9）；居民委员会、村民委员会要每月对居民楼院（小区）、村组和沿街门店、家庭式作坊等小单位、小场所开展排查；

居民楼院（小区）、村组要每周进行防火检查；巡防队员、物业管理人员、保安、社会单位管理人员要结合岗位职责，开展日常防火检查巡查。对检查发现的火灾隐患，要做好登记并及时督促整改，对难以整改的，及时移交公安派出所或公安消防部门依法处理。

图6-9 街道办、乡镇开展常态化防火巡查

## 二、开展经常性消防宣传教育

街道、乡镇要在火灾多发季节、农业收获季节、重大节假日和民俗活动期间，开展有针对性的消防宣传教育，广泛普及防火灭火和逃生自救常识。要深化消防宣传“五进”活动，在社区、村屯、居民楼院、单位、场所设置消防宣传橱窗（标牌），开展经常性的消防安全提示。有条件的社区、村屯要依托社区服务中心、农村文化室，建设消防教育体验活动室，定期组织居民群众参加消防教育和灭火逃生体验（见图6-10、6-11）。

图6-10 灭火演练

图6-11 社区消防教育体验室

## 三、基层力量开展防火灭火工作

街道、乡镇要充分发挥基层治安防范力量在消防安全网格化管理中的作用，推行巡防消防一体化和“保消合一”模式，加强治安巡防队员、保安人员的消防业务培训，配备必要的消防装备器材，提高防火检查、消防宣传和组织扑救初起火灾的能力（见图6–12）。治安巡防队员在开展日常巡逻时要承担防火巡查、扑救初起火灾和消防宣传教育工作职能，保安队员要结合从事门卫、巡逻、守护等工作，对社区和单位开展防火巡查（见图6–13）。

图6–12 消防治安联防队伍站点

图6–13 消防治安联防队员开展防火宣传

要大力培育群众性消防志愿组织，鼓励社会单位和个人积极投身消防公益事业，大力倡导志愿消防服务，引导志愿者参与消防宣传培训、查改身边火灾隐患等活动（见图6–14）。

## 四、消防安全重点单位实行“户籍化”管理

对网格辖区内的消防安全重点单位，公安消防部门要按照分级管理的原则，建立消防安全“户籍化”管理档案，督促单位落实消防安全责任人管理人、建筑消防设施维护保养

图6–14 群众性志愿消防队伍参加灭火

和消防安全“四个能力”建设自我评估报告备案制度，加强监督检查，实施动态管理。对易发群死群伤火灾的人员密集场所、易燃易爆单位和高层、地下公共建筑等火灾高危单位，公安消防部门和公安派出所要督促单位落实更加严格的人防、物防、技防措施，定期由具有资质的机构开展消防安全评估，采取针对性防范措施，确保消防安全。

## 第三节　消防安全网格化管理保障措施

### 一、加强组织领导

公安派出所要推动街道办事处、乡镇人民政府将消防安全网格化管理摆上重要议事日程，作为当前和今后一个时期加强火灾防控的重要任务，结合实际制定具体实施方案，明确目标，细化责任，全力抓好落实。要积极培育树立工作典型，及时总结推广经验做法。要拓宽经费保障途径，加大经费投入力度，推动县级政府将乡镇、街道消防经费纳入财政预算予以保障。

### 二、建立协作机制

公安、综治、民政、工商、安全监管部门将消防安全网格化管理与其他业务工作同部署、同检查、同考核、同奖惩，建立完善联席会议、信息互通、联合执法等工作机制，齐抓共管，形成工作合力。综治部门要将消防安全网格化管理纳入社会管理综合治理、平安建设重要内容；民政部门要将消防安全网格化管理纳入城乡社区建设规划和考核评价体系；工商部门要严格登记准入关，对《消防法》等法律法规规定需经公安消防部门出具消防安全意见的，必须凭消防部门出具的同意意见，方可办理企业和个体工商户登记；安全监管部门要将消防工作纳入安全生产监管范畴，作为安全创建考核评定的重要因素。

公安派出所要科学制定消防安全网格化管理实施方案，建立完善工作机制，定期分析研判工作形势，积极推动街道办事处、乡镇人民政府和有关部门落实消防工作职责，推进消防安全网格化管理；要定期对街道、乡镇和社区、村庄消防专（兼）职管理人员、公安派出所及警务室民警、社区（村）“两委”成员进行培训，提高消防管理能力；要将街道、乡镇政府专职消防队、志愿消防队、治安巡防队、保安等基层力量纳入灭火救援指挥体系，指导开展专业训练，定期组织综合演练，提高快速反应、协同作战能力。

图6–15 社区消防器材存放点

图6–16 配备细水雾灭火器的巡防队伍

## 三、落实消防设施和器材装备

乡镇应当编制、落实消防规划，加强消防水源、消防通道和消防通信等公共消防设施建设。社区（行政村）应当根据需要增设室外消火栓，设置消防器材存放点或消防器材箱（见图6–15）。“城中村”、小单位小场所集中区域、商业密集区等的治安巡防队伍，要配备小型多功能消防车或设有高压细水雾灭火装置（见图6–16）、灭火器材的电动巡逻车、摩托车等；其他巡防队伍巡逻车要配置灭火器、水枪、水带等灭火器材。要利用城市街道、居民小区、社会单位视频监控系统，将消防安全纳入实时监控范畴。

### 四、严格督导检查

公安派出所要推动街道、乡镇将消防安全网格化管理纳入社会管理综合治理检查考评、政府年度目标责任考评和政务督察内容，每年组织检查考评，推动工作落实。对任务完成好、成效明显的要给予表扬；对推动不力、进展缓慢的单位通报批评；对因工作不到位、措施不落实导致亡人火灾或有影响的火灾事故发生的，要依法依纪追究相关人员的责任。

# 第七章 消防宣传教育

消防工作宣传系于一半。广大人民群众提高火灾防范意识，掌握防火灭火和逃生常识，才能有效地预防和减少火灾带来的危害。公安派出所应当开展消防宣传教育，提高人民群众消防素质，增强全社会抗御火灾的能力。

## 第一节 消防宣传教育内容

公安派出所消防宣传教育的内容主要包括消防法律法规、火灾报警、火灾预防知识、初起火灾扑救、人员疏散逃生、典型火灾案例等内容。

### 一、消防法律法规

主要包括《消防法》、《消防监督检查规定》、《机关、团体、企业、事业、单位消防安全管理规定》等消防法律和规章，各省、自治区、直辖市颁布的地方性消防法规和规章，以及相关的消防规范性文件。

### 二、火灾报警

发生火灾不要惊惶失措，要保持冷静，记住火警电话119；火警电话拨通后，应讲清着火单位或场所以及所在区（县）、街道、门牌等详细地址；要讲清什么东西着火，火势怎样，是否有人被困等；最好能讲清起火部位，燃烧物性质和燃烧情况；报警时要讲清自己的姓名和电话号码；报警后要派人在主要路口接应和引导消防车去火场。

### 三、火灾预防知识

（一）家庭防火常识

1.用油锅时，人不能离开。如油温过高起火时，不要惊慌，可用锅盖迅速盖上，隔绝空气灭火，同时将油锅平稳端离炉火，待其冷却后才能打开锅盖；绝对不能向着火的油锅内倒水灭火。

2.厨房内不能堆放易燃易爆危险品。

3.使用燃气时，一定要有人照看，人离关火、关阀门。

4.燃气泄漏时的紧急处理办法：闻到强烈的刺鼻味道时，应首先关闭厨房内的燃气进气阀门，熄灭火源；立即打开门窗，进行通风换气；不能开关电灯、排风扇；严禁把各种火种（如烟头等）带入室内；进入煤气味大的房间不能穿带有钉子的鞋；通知燃气公司来人检查。

5.安全、可靠的检查燃气漏气的方法：用软毛刷或毛笔蘸肥皂水涂抹，发现肥皂水连续起泡的地方即为漏气部位；严禁用直接划火柴的方法来检查漏气部位。

6.使用液化石油气的注意事项：不准倒灌钢瓶，严禁将钢瓶卧放使用；不准在漏气时，使用任何明火和电器，严禁倾倒残液；不准将气瓶靠近火源、热源，严禁用火、蒸汽等对气瓶加温；不准在使用时人离开，严禁将气瓶放在卧室内使用；应将气瓶放到阳光照射不到的地方或采取措施遮蔽阳光。

7.电视机要注意通风、防潮、防热、防尘，其附近不要放置易燃易爆危险品，不准看完电视立即盖罩。

8.空调器附近不要放置易燃物品，窗帘不要搭在空调器上。

9.冰箱内严禁存放易燃易爆危险品。

10.不能在洗衣机内洗涤浸过汽油的衣服。

（二）吸烟防火常识

1.不要躺在床上或沙发上吸烟。

2.不要随手乱丢烟头，不要在维修汽车、清洗机件或加油时吸烟，不要把燃着的香烟随手乱放在可燃物上，人离开时一定熄灭烟火。

3.不要在严禁明火的地方或场所吸烟。

（三）使用蚊香防火常识

1.将点燃的蚊香固定在专用的铁架上，放在瓷盘或金属器皿内，不能将点燃的蚊香直接放在木桌、纸箱等可燃物上，或靠近窗帘、蚊帐、床单等可燃物。

2.人员离开后，一定要把蚊香熄灭，以免留下火灾隐患。

3.严禁在存有汽油、油漆等易燃液体的房间内点燃蚊香。

（四）燃放烟花爆竹防火常识

1.燃放地点必须远离易燃易爆危险品、仓库、露天货物堆场、加油站和人员集中的公共场所，不能在窗口、阳台和房屋内燃放，不可向下燃放或投掷鞭炮，当发现烟花爆竹残片上有阴燃的火星时，要立即将其熄灭。

2.儿童燃放烟花爆竹应有成年人看管。

3.节日离家外出时，要关好门窗，防止烟花爆竹飞进屋内引起燃烧。

4.烟花爆竹买回家后，应选择没有热源、火源、电源和其他不能引起烟花爆竹自燃的地方妥善存放。

## 四、初起火灾扑救常识

（一）灭火的基本方法

灭火的基本方法有四种，即冷却灭火法、窒息灭火法、隔离灭火法和抑制灭火法。

1.冷却灭火法

根据可燃物质发生燃烧时，必须达到一定温度的条件，将水或泡沫等灭火剂直接喷洒在燃烧物体上，使可燃物质的温度降低到燃点以下，不能继续燃烧。用水冷却灭火，是扑救火灾最常用的方法。

2.隔离灭火法

根据发生燃烧必须具备可燃物质的条件，将可燃物与着火源及助燃物隔离开来，使燃烧停止。如：关闭阀门，阻止可燃气体、液体流入燃烧区；拆除毗邻火场的易燃建筑，阻止火势蔓延等。

3.窒息灭火法

根据可燃物质发生燃烧必须在最低氧浓度以上才能进行的条件，通过采取措施防止空气流入燃烧区，或者用惰性气体稀释空气中氧的含量，使燃烧物质缺乏或断绝氧气而停止燃烧。在火场上可用喷雾水流、水蒸汽、惰性气体充入燃烧区域内，稀释氧气浓度。

4.抑制灭火法

就是利用可参与物质燃烧化学反应的灭火剂，终止物质燃烧的持续进行，达到灭火的目的。采用这种灭火方法可使用的灭火剂有干粉等。

（二）灭火器材的使用

1.灭火器

（1）手提式灭火器。灭火时，先除掉铅封，拔掉保险销，一手握住喷管，一手握住压把，在距火焰2米左右的地方，一手用力压下压把，一手拿着喷管左右摆动，对准火源喷射，直至把火扑灭。

（2）推车式灭火器。灭火时，将灭火器推至着火点附近，背部向着火源的方向，一手抓住喷枪，一手顺势展开胶带（管），除掉铅封，拔出保险销，用手掌使劲按下供气阀门；然后，一手把持喷枪管托，一手把持枪把，用手扳动喷枪开关，对准火源喷射，不断靠前左右摆动喷枪，用灭火剂罩住燃烧区，直至把火扑灭。

2.室内消火栓

火灾发生时，找到距离起火点最近的消火栓箱，打开箱门，如火势较小，可拉出卷盘水喉，打开阀门喷水灭火；如火势较大，则取出水带，甩开水带并确保水带完全展开，将水带的一端接在消火栓出水口上，另一端接好水枪，一人在起火点附近握紧水枪，另一人打开消火栓阀门出水灭火。

应当注意，要在确认火灾现场供电已断开的情况下，才能用消火栓出水扑救。

## 五、逃生常识

（一）居住建筑火灾逃生

1.房间内起火且房门已被火封锁，室内人员不能顺利疏散时，可通过阳台或走廊转移到相邻未起火的房间疏散。

2.听到火灾警报，首先应该用手背去触摸房门，如果房门温度过高，不要打开房门，以免烟火蔓延至房间；如果房门温度不高，可通过正常途径逃离房间；离开房间时，要随手关好房门，以防火势蔓延。

3.如烟火已将疏散楼梯封堵，无法沿楼梯间向下疏散时，被困人员应当疏散到屋顶，从相邻未着火的疏散楼梯向地面疏散。

4.走廊、楼梯被烟火封锁时，被困人员要尽量靠近沿街窗口或阳台等容易被人发现的部位，通过呼救、抛掷物品、挥舞衣物、用手电筒向外照射等方法，发出求救信号。

5.房间或走廊充满烟雾时，被困人员逃生时尽量用湿毛巾捂住口鼻，低姿行走或匍匐爬行。

6.被困位置楼层较低（二层以下）时，可将室内软床垫、被子等软物抛到楼底，从窗口跳至软物上逃生。

（二）商场、市场火灾逃生

1.利用疏散通道逃生。下楼梯时应抓住扶手，以免被人群撞倒；不要乘坐普通电梯、自动扶梯逃生。

2.利用现场物品辅助逃生。例如，用浸湿后的毛巾、口罩捂住口鼻，防止吸入烟气；用绳索、布匹、床单、地毯、窗帘、机用皮带、消防水带、电缆线作为逃生工具逃生；穿戴安全帽、摩托车头盔、安全工作服等，避免被烧伤、碰伤。

3.利用构筑物逃生。当无法利用疏散楼梯逃生时，可利用外墙的落水管、雨篷、门、窗及避雷网等构筑物进行逃生，或转移到安全区域再寻找机会逃生。这种逃生方法有一定的危险性，要胆大细心，特别是老、弱、病、幼等人员不可盲目行事，否则容易造成伤亡。

4.寻找避难处所逃生。在无法利用疏散通道逃生的情况下，应迅速转移到室外阳台、楼房平顶等避难处所，等待救援；选择火势、烟雾难以蔓延的房间关好门窗，堵塞缝隙，用水将门、窗和各种可燃物浇湿，阻止或减缓火势和烟雾蔓延。被困者应当不断发出各种呼救信号，引起救援人员的注意，以帮助自己尽快脱离险境。

（三）歌舞厅、卡拉OK厅火灾逃生

1.逃生时保持冷静。歌舞厅、卡拉OK厅顾客人员密集，一般夜间营业，灯光暗淡，发生火灾时容易造成人员拥挤，易发生踩踏，发生火灾时应当保持头脑清醒，选择正确的疏散路线有秩序逃生。

2.寻找多种途径逃生。发生火灾时，首先通过安全出口迅速逃生。当无法从安全出口逃生时，可以选择从首层、二层窗口跳出或击碎外墙玻璃直接逃生，还可以选择室外落水管道、窗口、阳台逃生。通过窗口、阳台逃生时，可用窗帘或地毯等制成安全绳，滑绳自救。

3.防止烟气中毒。逃生过程中，应尽量避免大声呼喊，防止烟雾进入口腔，用水打湿衣服，捂住口鼻，低姿行走或匍匐爬行。

（四）影剧院火灾逃生

1.剧院舞台发生火灾时，火势主要向观众厅蔓延，被困人员应当尽量从远离舞台的安全出口逃生。

2.观众厅发生火灾时，火势主要向舞台蔓延，被困人员可利用舞台、放映厅和观众厅各个出口有秩序疏散。

## 第二节 消防宣传教育方式

### 一、固定阵地宣传教育

（一）利用公安派出所或警务室，建立消防宣传教育阵地向社会公众开放。

（二）指导社区、村民委员会及社会单位设置消防宣传牌匾、灯箱、橱窗、板报、宣传栏，利用广播站、文化站等进行消防宣传教育。

（三）利用辖区消防站的防护逃生器材、抢险救援设施、模拟报警灭火系统等基础设施，组织广大居民群众到消防站参观学习。

## 二、集中宣传教育

（一）以举办学习班或培训班的方式，将辖区企业负责人、保安员，居民委员会、村民委员会负责人、群众代表等相关人员集中起来，统一授课。消防安全讲座和集中培训可以与治安、交通等培训一并开展。

（二）根据一个时期本地消防安全工作的实际需要，采取召开消防安全工作会、消防专题研讨会、演讲会或火灾事故现场会等形式，进行消防安全宣传教育。

（三）在每年“119消防日”、“法制宣传日”、“安全生产月”等时期，集中开展相关主题的消防宣传活动，如组织消防文艺表演，发放宣传资料，开展消防夏令营活动，组织村（居）民进行灭火和逃生演练等。

（四）组织、指导村（居）民委员会和辖区企业，适时开展消防安全知识测试、灭火技能竞赛、消防安全知识征文、消防运动会等，增强群众消防安全意识，提高消防安全素质。

## 三、媒体宣传教育

利用广播、电视、报纸、杂志、网络等大众传媒来广泛地宣传消防法律法规、方针政策和消防安全知识，能够争取社会各界及人民群众最广泛的关注。公安派出所可以指导村（居）委会及社会单位利用有线影视站、互联网站等媒体进行宣传播放。

### 四、其他形式宣传教育

（一）将消防安全警示语制作成录音，在治安巡逻、巡查时循环播放，提示人民群众注意消防安全。

（二）在日常检查、走访时，主动上门，向被检查、走访的单位或个人进行消防法律法规、消防常识宣传教育。

（三）与辖区社会单位、个体工商户签订消防安全承诺书，明确消防安全工作职责，落实社会单位和个人消防安全主体责任，做好消防工作。

（四）通过信息平台向人民群众发送消防安全提示短信，传播消防知识和火灾预警信息。

## 第三节 不同场所消防宣传教育

### 一、社区消防宣传教育

（一）指导社区组织居民学习掌握安全用火、用电、用气、用油和火灾报警、初起火灾扑救、逃生自救常识，查找、消除家庭火灾隐患；自觉遵守消防安全管理规定，不圈占、埋压、损坏、挪用消防设施、器材，不占用消防车通道、防火间距，保持疏散通道畅通。

（二）指导社区建立消防安全宣传教育制度，制定居民防火公约；组织居民参加消防教育活动和消防安全自查及灭火、逃生演练；发动社区消防志愿者、志愿消防队员帮助查找消除火灾隐患。

（三）指导社区设置消防宣传牌（栏）、橱窗等，适时更新内容，利用小区楼宇电视、户外显示屏、广播等播放消防安全常识。

（四）鼓励、引导居民家庭配备必要的报警、灭火、照明、逃生自救等消防器材，并教会其使用方法。

### 二、农村消防宣传教育

（一）指导村民委员会建立消防安全宣传教育工作制度，制订村民防火公约，明确职责任务。

（二）在农忙时节，火灾多发季节，春节、元宵节、清明节及民俗活动期间，集中开展有针对性的消防安全宣传教育活动。

（三）在农村集市、场镇、主要道路路口、村民委员会办公场所设置消防宣传栏（牌）、橱窗，张帖消防宣传标语、图画。

（四）督促村民委员会设置消防宣传员，鼓励村民加入志愿消防队、巡防队，宣传消防安全知识；指导乡村企业开展消防安全宣传教育工作。

## 三、学校消防宣传教育

（一）督促指导学校将消防安全知识纳入教学内容，针对不同年龄段学生分类开展消防安全教育，每学年组织师生开展疏散逃生演练、消防知识竞赛、消防趣味运动会等活动。

（二）督促指导学校利用“全国中小学生安全教育日”、“防灾减灾日”、“科技活动周”、“119消防日”、新生入学等时期集中开展消防宣传教育活动。

（三）督促学校每学年布置一次由学生与家长共同完成的消防安全家庭作业，通过对学生的宣传教育，带动家庭成员提高防火意识。

（四）督促学校利用校园电视、广播、网站、报刊、电子显示屏、板报等，经常宣传消防安全内容，指导有条件的学校建立消防安全宣传教育场所，配置必要的消防器材、宣传资料。

## 四、社会单位（场所）消防宣传教育

（一）督促、指导社会单位（场所）建立消防宣传工作制度。

（二）根据单位（场所）规模大小、性质，指导制定灭火和应急疏散预案，张贴逃生疏散路线图、消防宣传图片、标识。

（三）根据单位（场所）规模大小、性质，督促、指导社会单位（场所）开展员工消防宣传教育，使其达到懂本单位火灾危险性、会报火警、会扑救初起火灾、会火场逃生自救的要求。

## 第四节 典型火灾案例

对一些重特大、群死群伤及社会影响大的火灾案例和当地发生的典型火灾案例进行宣传，可以使广大人民群众对火灾的危险性和危害性有深刻印象，并从中汲取教训，防微杜渐，预防和减少火灾发生。为方便广大公安派出所民警开展消防宣传教育，本书摘选了全国近年来不同场所的典型火灾案例。

### 一、公共娱乐场所火灾案例

2008年9月20日22时48分，广东省深圳市龙岗区舞王俱乐部发生火灾，造成44人死亡，64人受伤，直接财产损失约27万元。

（一）起火场所基本情况

深圳市龙岗区舞王俱乐部位于龙岗街道龙东社区三和旧货市场综合楼，该建筑为钢筋混凝土框架结构，共五层，建筑高度20米，总建筑面积约7700平方米，一层为旧货市场，二层东半部为三和茶餐厅、西半部为旧货仓库，第三层为舞王俱乐部，第四层空置，第五层为舞王俱乐部办公室和员工宿舍。舞王俱乐部设有一个演艺大厅，建筑面积700平方米，另有10个包房。

（二）起火原因

该起火灾是由于舞王俱乐部演艺大厅表演舞台表演节目的人员，使用自制道具手枪向上方发射烟花弹，烟花弹爆炸产生的火星引燃顶棚吸音海绵（聚氨酯泡沫塑料）蔓延成灾。

（三）火灾主要教训

1.舞王俱乐部无工商营业执照，无文化经营许可证，未经消防验收合格和开业前消防安全检查，长期违法经营。

2.舞王俱乐部经营者没有落实消防安全责任制，采用易燃有毒材料装饰装修，没有建立消防安全管理组织和管理制度，没有组织员工消防安全教育培训，没有制定灭火和应急疏散预案并组织演练，没有开展防火巡查。

3.火灾发生后，舞王俱乐部现场工作人员没有及时有效地组织人员疏散，大多数消费人员不懂得安全逃生知识，导致重大人员伤亡。

## 二、旅店业场所火灾案例

2008年2月15日1时56分，浙江省义乌市义亭镇成帅酒店发生火灾，造成11人死亡，1人受伤，直接财产损失4.8万元。

（一）起火场所基本情况

成帅酒店位于义乌市义亭镇重阳街60号，地上四层，砖混结构，占地171平方米，建筑面积684平方米。其中一层为酒店大堂和餐饮大厅，二层为餐饮包厢，三、四层为客房、棋牌室，共有客房15间。酒店东邻中国人民保险公司营业厅，西面毗连民房，南临重阳街。

（二）起火原因

起火部位位于义乌市成帅酒店一楼西数第一开间吧台处，起火点位于吧台西北角处电脑桌下方隔板上面（距地面10厘米左右），起火原因为放置在吧台西北角处电脑主机起火，引燃周围可燃物。

（三）火灾主要教训

1.消防水源不足。该镇未设置市政消防供水管网，缺乏消防给水，增加了火灾扑救难度。

2.业主、员工消防安全意识及自防自救能力差。值班人员年龄偏大，火灾发生后对初起火灾处置不当，报警不及时，错过了最佳扑救时间。

3.业主擅自将三、四楼通往室外楼梯的过道改为棋牌室、客房，将四层通往室外楼梯的疏散门改为带窗的实体墙，造成酒店三、四楼通往室外楼梯的疏散通道不畅，致使人员疏散困难。

## 三、餐饮业场所火灾案例

2007年5月26日19时34分左右，辽宁省朝阳市双塔区百姓楼大酒店（总部）因员工操作燃油炉灶不慎发生火灾，造成11人死亡、16

人受伤，直接财产损失85万元。

（一）起火场所基本情况

朝阳市百姓楼大酒店（总部）隶属于百姓楼酒店餐饮有限公司，位于双塔区凌河街四段2号，东侧毗连6层居民住宅楼（一层为饭店、二至六层为居民住宅，共3个单元36户居民）；南侧为小区通道；西侧为凌河大街；北侧为文化路。该酒店为钢筋混凝土框架结构，铝合金门窗，属二级耐火建筑，占地面积618平方米，总建筑面积1854平方米，共3层，建筑高12米。该建筑二楼西、北两侧有一伸出楼外达4米宽的平台；一层南侧为厨房间，厨房间与一层大厅有一个高3米、宽1.5米的连通门洞；一层西、北两侧是玻璃幕外墙；二层、三层为包房区，共有25个包房。该酒店共有两部楼梯，都用可燃材料装修，其中右侧楼梯为主楼梯，是顾客上下的通道，斜对大厅正门距离15米；左侧楼梯只能通向二楼，连接着厨房，是内部人员传菜专用，三层楼梯南侧有15.5米长的袋形走道。一层共有2个对外出口，一个出口是一楼大厅正门，另一个出口设在厨房，是厨房工作人员专用的对外通道。

（二）起火原因

该店一层厨房热菜间西南角自西向东数第一灶台第三炉灶生火碗（油槽）中的柴油溢漏到炉灶给风系统内外，给风系统内的油气被炉灶明火点燃，引发火灾。

（三）火灾主要教训

1.厨房燃油用具及供油管路设计、安装、敷设存在安全隐患，厨房与其他部位防火分隔不完全，导致火灾迅速扩大蔓延。

2.起火单位擅自改变公安机关消防机构审批的消防设计，未经消防验收合格擅自投入使用。

3.被困人员自救逃生意识差，报警迟缓，贻误了灭火救援和室内人员自救逃生的最佳时机。

4.城市公共消防水源建设滞后，不适应火灾扑救的需要。

## 四、商业服务网点火灾案例

2007年12月12日，浙江省温州市人民西路温富大厦一层的温州市朵朵鲜园艺有限公司发生火灾，造成21人死亡，1人受伤，直接财产损失约726万元。

（一）起火场所基本情况

温州市温富大厦位于温州市人民西路173号，北为人民西路，东为隔岸路，南临水心河，西面为住宅区。该大厦为商住楼，共二十八层，地下一层，总建筑面积29304平方米。其中，一至三层为裙房，一层设有夏蒙西服专卖店、中国农业银行营业网点、朵朵鲜园艺有限公司、莲池宏大美容美发店、莲池柔润美容院和温州晚报广告部；二层设有艺苑舞厅和中国银行员工食堂等；三层设有奥成贸易有限公司和开泰百货办公室；四至二十八层为住宅；地下一层为自行车库和摩托车库。起火单位温州市朵朵鲜园艺有限公司位于温富大厦一层裙房，主要经营干花和鲜花。

（二）起火原因

起火部位为花店内的新装修卖场，起火点位于花店内新装修卖场西北部吊顶内，起火原因为花店内新装修卖场西北部吊顶内照明线路短路引起火灾。

（三）火灾主要教训

1.消防安全管理混乱，存在重大火灾隐患。温富大厦物业管理部门、朵朵鲜园艺有限公司和艺苑舞厅业主等消防责任主体意识不强，消防安全责任制不落实。花店使用大量可燃材料搭建阁楼、分隔房间；花店违章拆卸、拆除火灾自动报警探头和自动喷水系统。没有对员工进行必要的安全培训，内部管理混乱；安全出口堵塞；特别是为迎接圣诞、元旦等节日，储存了大量可燃货物，这些物品燃烧后产生大量有毒烟气，造成人员伤亡。

2.建筑消防设施维护管理不善，致使火灾发生后未发挥作用。温富大厦的消防设施基本完好，但消防控制室人员无证上岗，将自动消防系统长期置于手动状态；火灾发生后，值班人员发现火灾报警后查看情况，再返回时，消防控制室已充满烟雾不能进去，致使系统不能及时打开喷淋水泵，延误了初起火灾扑救。

3.单位员工和被困群众自防自救能力弱，报警迟，贻误了救人时机。发现一层起火后，二层舞厅工作人员未能及时有效地组织、引导全部人员进行安全疏散。二层死亡的19人中，有大部分人本来已经逃出现场，但又重回舞厅取个人物品，最终遇难。朵朵鲜园艺有限公司员工发现火灾后，先自行扑救，未及时报警，致使消防队到场时火势已到达猛烈阶段，失去了最佳扑救时机。

4.外墙广告牌、被破坏的封闭楼梯间客观上形成了烟气扩散的通道。一层朵朵鲜园艺有限公司外墙设立的广告牌在火灾发生后成为烟气迅速向二层舞厅扩散的通道，加上大楼封闭楼梯间被破坏（私自开设窗口），常闭防火门处于开启状态，大量有毒气体很快充斥满了整幢28层高的大楼，致使人员逃生困难。

### 五、医疗、养老服务场所火灾案例

2005年12月15日，吉林省辽源市中心医院发生特大火灾，造成37人死亡，烧毁建筑面积5714平方米，火灾直接财产损失约822万元。

（一）起火场所基本情况

辽源市中心医院位于吉林省辽源市龙山区东吉大路86号，占地面积62000平方米，建筑总面积43000平方米。该单位建筑布局从北至南由一区、二区、三区、四区4个区域，环廊园林门诊楼和一座综合楼组成。一区至三区均为3层砖木、闷顶结构的三级建筑，建筑面积10323平方米。四区为4层砖混结构的二级建筑，建筑面积3600平方米。环廊园林门诊楼为3层天井式建筑，拱形透明屋顶，建筑面积5340平方米，南北纵向于一区和三区之间。综合楼为9层砖混结构的二级建筑，建筑面积6800平方米。一区、二区、三区、四区建筑之间由通廊连接贯通。医院共有职工735人，床位686张。火灾当日登记入住病人235人，值班医务人员79人，另有陪护、探视人员约100人。

（二）起火原因

起火部位在该院门诊楼东侧二层配电室的电缆沟内，起火原因是由于配电室电缆沟内2号部位电缆短路故障所致。

（三）火灾主要教训

1.报警晚，失去了抢救疏散人员和控制火势的最佳时机。当天16时10分医院突然停电，16时30分许值班电工手动启动备用电源后，配电箱着火。在自救无效的情况下，单位16时57分才打电话报警，前后延误了20多分钟，丧失了扑救初起火灾、抢救和疏散人员的最佳时机。

2.中心部位起火，“烟囱”、“风洞”效应较强，使火势迅速发展蔓延。起火部位位于建筑中心部位的中间层通廊中部。发生火灾后，火势迅速沿通廊、楼梯、各种竖向管井、孔洞和闷顶等向四周立体蔓延，使各区建筑短时间内迅速起火燃烧。

3.患者、医务人员、陪护探视人员多，疏散抢救难度大。医院人员密集，发生火灾后患者和陪护、探视人员对内部疏散通道情况不熟悉，一部分危重患者、瘫痪病人、手术后或者严重者都无法自行疏散，只能等待医护和救援人员施救。

## 六、中、小学校火灾案例

2011年4月14日零时30分许，西藏昌都地区类乌齐县岗色乡中心小学一栋单层砖木结构学生宿舍发生火灾，造成3人死亡，1人受伤，直接财产损失约9.4万元。

（一）起火场所基本情况

该小学位于类乌齐县岗色乡，是一所典型的乡镇小学，占地面积19233平方米，学校共有9栋建筑（教室2栋，学生宿舍2栋，教师宿舍3栋，多功能教室1栋，食堂1栋），总建筑面积1496平方米，均为砖木结构，耐火等级三级。学校师生共263人（教师14人，学生249人）。

（二）起火原因

该起火灾的起火原因为，2—5宿舍东北角下铺床架上点燃的蜡烛引燃附近可燃物所致。

（三）火灾主要教训

1.建筑耐火等级低，缺乏必要的消防设施及灭火器材，致使初起火灾没有得到有效控制，造成火灾蔓延扩大。

2.为了防雨，学校在宿舍顶棚加了一层易燃可燃的防水塑料布，增加了火灾危险性。

3.学校消防安全管理不到位，值班巡查人员未及时发现并制止学生违规用火。

### 七、托儿所、幼儿园火灾案例

2001年6月5日零时许，江西广播电视发展中心艺术幼儿园因用火不慎发生火灾，造成13名儿童死亡，1名儿童受伤，过火面积约43平方米，直接财产损失1.3万元。

（一）起火场所基本情况

江西广播电视发展中心艺术幼儿园位于江西省南昌市洪都中大道207号省广播电视局生活区东北部，为三层“回”字型通廊式建筑。该建筑为二级耐火等级，总建筑面积6863平方米。幼儿园共17个班，其中大班（5至6岁）4个，中班（4至5岁）5个，小班（3至4岁）6个，托儿班（3岁以下）2个，有教职员工82人，幼儿总数540人，寄宿362人。火灾发生当晚住宿人数为319人。

发生火灾的小六班寝室位于建筑二层西南角，面积43平方米，设有29张床位，采用轻钢龙骨矿棉板吊顶，墙壁表面为仿瓷材料，地面为木地板。当晚，小六班住宿人数为17人。

（二）起火原因

起火点位于小六班寝室距南墙3.2米、距东墙2.8米处，起火原因为16号床边过道上点燃的蚊香引燃搭落在床架上的棉被所致。

（三）火灾主要教训

1.幼儿园领导对消防工作不重视，没有组织开展防火检查、巡查，对用火管理不到位。

2.幼儿园未有效组织对教职员工的消防安全培训，火灾发生后，教职员工不能及时处置初起火灾和组织幼儿疏散逃生。

## 八、生产加工场所火灾案例

2007年10月21日，福建省莆田市秀屿区笏石镇飞达鞋面加工场发生火灾，死亡37人，受伤19人，过火面积约398平方米，直接财产损失30余万元。

（一）起火场所基本情况

飞达鞋面加工场系个体经营，位于莆田市秀屿区笏石镇北埔新街。该加工场一至五层为混凝土框架结构，第六层东半部为混凝土框架结构、西半部为钢结构违章搭盖。加工场一层从北向南依次为：北店面材料仓库、中间店面材料仓库兼出入口、南店面员工宿舍，面积为146.4平方米，东侧东半部搭设一阁楼作为办公室；二、三层为车间，四层为家人宿舍，五层为员工宿舍，各层面积均为177.6平方米；六层为员工宿舍及食堂，建筑高度19米，一层至二层有两部楼梯，二层至六层有一部楼梯。

（二）起火原因

起火部位在飞达鞋面加工场一层北侧仓库，起火点位于北侧仓库内西南角货架北侧距货架西端0.5米至1.2米、高度距地面0.7米以上部位，起火原因为放火。

（三）火灾主要教训

1.擅自改变建筑使用功能，形成“三合一”场所。起火建筑原使用功能为居民住宅，业主擅自改变建筑使用功能，作为鞋面加工场所，集生产、储存、居住为一体，场所内人员密集，且仓库设在一层，存放了大量海绵类易燃材料，起火后迅速蔓延，并产生大量有毒烟气，导致建筑内多人中毒窒息死亡。

2.建筑内部疏散楼梯不足，防火分隔不合理。二层以上仅设置一部直通屋面的敞开式楼梯，发生火灾后，在敞开式楼梯处形成烟囱效应，烟气、火势迅速沿楼梯向上蔓延，造成唯一的疏散楼梯被封堵。仓库与生产车间未进行防火分隔，在火灾初期时不能有效阻止火势蔓延。

3.经营管理者和员工缺乏消防安全常识和逃生自救基本常识。工厂经营管理人员安全意识淡薄，未制定有关安全管理制度和应急预案，也未在建筑内设置应急照明和灯光疏散指示标志。火灾发生后，经营管理人员未及时报警，延误了灭火救援时间；起火后盲目切断电源，未及时组织被困人员自救逃生，使被困人员难辨方向，逃生过程中也没有采取必要的防护措施，致使伤亡扩大。

## 九、仓储场所火灾案例

2008年12月7日18时22分，上海市普陀区施耐德电气（中国）投资有限公司上海分公司物流仓库发生火灾，过火面积约10000平方米，直接财产损失约8373万元。

（一）起火场所基本情况

施耐德电气（中国）投资有限公司上海分公司系非独立法人单位，上级公司为施耐德电气（中国）投资有限公司。2004年8月，该单位租赁普陀区绥德路669号未来岛高新技术产业园区仓库。起火仓库面积约14000平方米，钢结构建筑，分4个防火分区，其中，办公区为1个防火分区，位于北侧；仓库区域采用防火卷帘分隔为3个防火分区；办公区与仓库之间用防火墙、防火玻璃和防火门分隔。建筑内设置了火灾自动报警系统、自动喷水灭火系统、室内消火栓系统、防火卷帘、防火门、防火玻璃、应急广播、应急照明、疏散指示标志等消防设施。

（二）起火原因

起火部位位于仓库西北角，起火点位于仓库西北角NK货架西数第4格北侧走道处，起火原因系停电后恢复供电时的操作过电压，导致照明灯具发生电气故障引燃可燃物并扩大成灾。

（三）火灾主要教训

1.物品堆放不规范。起火单位违规在故障灯具的垂直下方临时堆放了塑料薄膜、纸板箱等可燃物，且货物又架空设置，火场通透性较好，为火灾扩大蔓延创造了条件。

2.建筑消防设施管理差。火灾发生时，该单位固定消防设施处于手动状态，自动喷水灭火系统和防火卷帘未动作，延误了初起火灾扑救，导致火势发展非常迅速。

3.单位员工报警延误。火灾发生时，正值该单位停电，通电后火灾报警系统报警，但单位员工检查后称“误报”，未及时向消防队报告火警。

4.单位员工违规操作。起火单位为全天候监控仓库状况，采用自制防空气开关动作锁使照明灯具始终处于常开状态，且仓库保管员在离库时未按规定逐级拉闸断电，致使仓库恢复供电后照明系统产生过电压，导致照明灯具故障引发火灾。

### 十、废品收购站火灾案例

2010年2月21日，上海青浦区嘉松中路月胜废品收购站发生火灾，造成6人死亡，8人受伤。

（一）起火场所基本情况

月胜废品收购站位于上海市青浦区嘉松中路4490弄400号至418号。收购站仓库大棚内大量存放铁桶（罐）、塑料材料等报废物品，一些铁桶（罐）里残留易燃易爆化学液体和气体。

（二）起火原因

该起火灾的原因为家用化工品容器（塑料、金属制品）在粉碎过程中突然发生意外所致。

（三）火灾主要教训

1.废品收购站存放物品复杂，违规堆放大量废旧物品，尤其存放一些易燃易爆危险品，极易发生火灾、爆炸。

2.废品收购站平时没有对员工进行消防安全培训，负责人及员工安全意识淡薄，发生火灾后，不能有效组织火灾扑救和自救逃生。

## 十一、居民住宅火灾案例

1996年11月27日1时15分，上海市黄浦区一老式居民楼发生火灾，造成36人死亡，19人受伤，受灾45户，烧毁建筑面积约1350平方米，直接财产损失178万元。

（一）起火场所基本情况

起火住宅位于上海市四川中路401号，砖木结构，建筑层数四层，底层为商店，二至四层为居民住宅。东侧临街（四川中路），南侧与一栋五层的住宅楼相连，西侧隔一条1米宽的路是其他居民住宅，路中间有一过街天桥，北侧与一栋三层住宅楼相接。起火建筑内共有三个单元76户居民。

（二）起火原因

起火部位位于该住宅楼205室和厨房之间的走廊处，起火点位于205室门前地板处，火灾原因为放火。

（三）火灾主要教训

1.老式居民楼消防安全条件差。由于历史原因，上海许多老式居民楼结构简陋，耐火等级低，无防火分区，电气线路老化，用电超负荷，没有配备必要的消防设施。

2.居民防火意识淡薄，违章搭建占用防火间距，在共用部位堆放杂物，违规存放汽油等危险物品。

## 十二、居住出租房屋火灾案例

2006年12月3日凌晨5时05分许，浙江省温岭市泽国镇商城南路12、14号民房发生火灾，过火面积约450平方米，造成9人死亡，5人受伤。

（一）起火场所基本情况

起火建筑位于泽国镇商城南路临街房12、14号，为两间6层“通天式”民房，钢筋混凝土框架结构，东临商城南路，南侧、北侧均贴邻沿街民房，西面为约3米宽的巷道。民房内设两座楼梯，其中14号房楼梯通至二层，不能直通至底层地面，无法直达安全疏散出口；12号房楼梯1至2层为木质楼梯。起火建筑座西朝东，由南向北总共2个开间（单间开间宽3.6米，进深14.1米），2至4层相互连通，建筑面积约656平方米，建筑高度约21米。建筑一层为手机专卖店，2至6层为居住出租房屋，当晚住有22人。

（二）起火原因

起火部位位于12号房二楼西间，起火点位于西间距西墙1.45至2.32米、距北墙0至1.05米处，起火原因为电气线路短路。

（三）火灾主要教训

1.违反有关消防安全管理规定。出租房屋的出租人、承租人未依法履行消防安全义务，违规采用大量可燃材料装修，擅自改变建筑内部结构和疏散楼梯、安全出口，电气线路混乱。

2.建筑结构设置不合理。起火建筑系两间6层“通天式”民房，2至4层相互连通，间与间、层与层、室与室之间没有防火分隔措施和独立设置疏散楼梯及安全出口。建筑内部虽设有两部楼梯，但其中一部不能直通至底层地面，无法直达安全疏散出口，另一部楼梯1至2层为木质楼梯。火灾发生后，火势及高温烟热通过楼梯间迅速蔓延，“烟囱效应”使整个楼梯间充满高温有毒烟热和明火，烧断唯一的木质楼梯通道，使建筑内租住人员无法疏散逃生。

3.租住人员缺乏消防安全常识。从访查了解情况看，租住人员大都未参加过消防培训，不懂基本消防常识和自救方法。火灾初期，租住人员大都未采取正确的施救和逃生方法，造成部分人员因直接跳楼逃生而受伤，部分人员丧失逃生机会，教训十分深刻。

# 第八章 消防基础业务理论

消防基础业务理论包括物质燃烧常识、消防设施器材、常用消防法律法规等内容，是公安派出所民警开展日常消防监督检查、消防宣传教育应当掌握的基本知识。

## 第一节 物质燃烧常识

### 一、燃烧的概念

人们通过长期用火实践和多次科学实验证明，燃烧是可燃物与氧化剂作用发生的放热反应，通常伴有火焰、发光和（或）发烟现象。燃烧应具备放热、发光和化学反应三个特征。

### 二、燃烧的条件

（一）燃烧的必要条件

无焰燃烧必须具备三个必要条件，即：可燃物、氧化剂（助燃物）和温度（引火源）。有焰燃烧必须具备四个必要条件，即：可燃物、氧化剂、温度和未受抑制的链式反应。

1.可燃物。可分为气体可燃物（如一氧化碳、天然气、二氧化硫等），液体可燃物（如汽油、煤油、柴油等）和固体可燃物（如煤、木材、棉、麻等）三种类别。

2.氧化剂（助燃物）。通常燃烧过程中的氧化剂主要是氧气，除了氧气外，某些物质也可以作为燃烧反应的氧化剂，如氟、氯等。

3.温度（引火源）。生产生活中的引火源通常有明火、高温物体、化学热能、电热能、机械热能、生物能、光能和核能等。

4.链式反应。有焰燃烧都存在着链式反应，从而使燃烧持续下去。

（二）燃烧的充分条件

具备了燃烧的必要条件，并不意味着燃烧必然发生。在各种必要条件中，还应有“量”的要求，这就是发生燃烧或持续燃烧的充分条件。对于无焰燃烧，具备了一定的可燃物浓度、一定的氧气含量、一定的点火能量，相互作用，燃烧即会发生。而对于有焰燃烧，应同时具备一定的可燃物浓度、一定的氧气含量、一定的点火能量和未受抑制的链式反应，燃烧才会发生和继续。

## 三、物质的燃烧性能

参照有关标准，根据物质的燃烧性能，可分为易燃物、可燃物、难燃物和不燃物。

（一）易燃物

包括易燃气体、易燃液体和易燃固体。这类物质易燃、易爆，燃烧时放出大量有害气体。有的遇水发生剧烈反应，产生可燃气体，遇火燃烧爆炸。常见的易燃气体有：乙炔，氢，甲烷，液化石油气，水煤气等；易燃液体有：甲苯，甲醇，乙醇，乙醚，汽油，煤油，松节油等；易燃固体有：硫磺，金属钾、钠、锂、钙、锶，赤磷，五硫化磷，镁粉，铝粉，油纸及其制品等。

（二）可燃物

包括可燃固体和闪点大于等于60℃的可燃液体。可燃固体在空气中受到火焰和高温作用时能发生燃烧，即使火源拿走，仍能继续燃烧。常见的可燃固体有：纸张，棉、毛、丝、麻及其织物，谷物，面粉，天然橡胶及其制品，竹、木及其制品等；可燃液体有：动物油、植物油，润滑油、机油、重油，大于50度、小于60度的白酒等。

（三）难燃物

其特性是在空气中受到火焰或高温作用时，难起火、难燃或微燃，将火源拿走，燃烧即可停止。常见的难燃物有：自熄性塑料及其制品，酚醛泡沫塑料及其制品，水泥刨花板等。

（四）不燃物

其特性是在空气中受到火焰或高温作用时，不起火、不微燃、不碳化。常见的不燃物有：钢材、铝材、玻璃及其制品，陶瓷制品，不燃气体，玻璃棉、岩棉、陶瓷棉、硅酸铝纤维、矿棉，石膏及其无纸制品，水泥、石块等。

## 四、可燃物的燃烧特点

（一）固体燃烧特点

固体可燃物必须经过受热、蒸发、热分解，固体上方可燃气体浓度达到燃烧极限，才能持续不断地发生燃烧。如，硫、磷、钾、钠、木材、纸张、煤、棉花、麻、橡胶、石蜡、松香、沥青等。

（二）液体燃烧特点

易燃和可燃液体在燃烧过程中，并不是液体本身的燃烧，而是液体在受热时蒸发出来的液体蒸气被分解、氧化达到燃点而燃烧，即蒸发燃烧。

（三）气体燃烧特点

可燃气体的燃烧不像固体、液体那样须经熔化、蒸发过程，所需热量仅用于氧化和分解，或将气体加热到燃点，因此气体容易燃烧且燃烧速度快。

## 五、燃烧类型

燃烧类型主要有闪燃、自燃、着火、爆炸。

（一）闪燃

在一定温度下，易燃、可燃液体表面上产生足够的可燃蒸气，与空气混合遇着火源产生一闪即灭的燃烧现象叫做闪燃。

在规定的试验条件下，液体表面能产生闪燃的最低温度，叫做闪点。闪点是衡量液体火灾危险性大小的重要参数。闪点越低，火灾危险性越大，反之则越小。

（二）自燃

可燃物质在没有外部明火等火源的作用下，因受热或自身发热并蓄热所产生的自行燃烧现象称为自燃。自燃包括受热自燃和本身自燃。

1. 受热自燃。可燃物质在空气中，连续均匀地加热到一定温度，在没有外部火源的作用下，发生自行燃烧的现象叫做受热自燃。

2. 本身自燃。可燃物质在空气中，自然发热经一定时间的积蓄使物质达到自燃点而燃烧的现象，叫做本身自燃。

在规定条件下，可燃物质发生自燃的最低温度，叫做该物质的自燃点。自燃点是衡量可燃物质受热升温或自热升温导致自燃危险的判别依据。可燃物的自燃点越低，发生自燃的危险性越大。

（三）着火

可燃物质与空气（氧化剂）共存，达到某一温度时与火源接触即发生燃烧，当火源移去后，仍能继续燃烧，直到可燃物燃尽为止，这种持续燃烧的现象叫做着火。

在规定的试验条件下，应用外部热源使可燃物质起火并持续燃烧的最低温度，叫做燃点。在相同条件下，可燃物的燃点越低，越容易被明火源点燃而着火。

（四）爆炸

爆炸是一种特殊的燃烧类型，其发生发展过程迅速，瞬间释放出巨大能量，极易造成大量人员伤亡和财产损失。在火场上，常见的爆炸主要有以下三种：

1.气体爆炸。可燃气体与空气混合后遇到明火或电火花等火源时发生爆炸的现象。气体爆炸必须具备三个条件：气体本身具有可燃性；气体必须与空气混合达到一定的浓度；有点火源的存在。

2.粉尘爆炸。悬浮于空气中的可燃粉尘遇到明火或电火花等火源时发生爆炸的现象。粉尘爆炸必须具备三个条件：粉尘本身具有可燃性；粉尘必须悬浮在空气中并与空气混合达到爆炸浓度；有足以引起粉尘爆炸的点火能量。

3.容器爆炸。压力容器内的物质在化学反应或外部热量的作用下，急剧膨胀超过容器本身承压能力，发生能量释放，并产生声响的现象。如油罐、液化气钢瓶的爆炸。火场上的容器爆炸，多数是在外部加热的情况下发生的。

## 六、燃烧产物

燃烧产物通常是指燃烧生成的气体、热量和可见烟。常见的燃烧产物有：

1.二氧化碳。是完全燃烧的产物，它不能再行燃烧，是一种无色气体。在空气中含量达到3%时，呼吸困难，脉搏、血压升高；达到5%时，使人喘不过气来，30分钟内引起中毒；达到7%至10%时，人在数分钟之内失去知觉，甚至死亡。

2.一氧化碳。是不完全燃烧的产物，它能再次燃烧，是一种无色无味而有强烈毒性的可燃气体。一氧化碳毒性大，吸入人体后，取代血液里的氧血红素，形成一氧化碳血红素，导致人体严重缺氧。空气中含量达到0.1%时，1小时后头痛、呕吐；达到0.5%时，20至30分钟有死亡危险；达到1%时，呼吸数次就会失去知觉，1至2分钟就会中毒死亡。

3.烟灰。是不完全燃烧的产物，是粘在烟道壁上和浮悬在空气中还能燃烧的细粒。

4.灰渣。是完成燃烧和不完全燃烧的物质，由炭粒、炭灰构成的。

## 七、火灾的定义及分类

根据国家标准《消防基本术语　第一部分》GB5907的规定，火灾是指在时间或空间上失去控制的燃烧所造成的灾害。

（一）根据物质燃烧特性，火灾可分为A、B、C、D、E、F六类。

1.A类火灾。指固体物质火灾。例如，木材、棉、毛、麻、纸张火灾。

2.B类火灾。指液体火灾和可熔化固体物质火灾。例如，汽油、煤油、原油、甲醇、乙醇、沥青、石蜡火灾。

3.C类火灾。指气体火灾。例如，煤气、天然气、甲烷、乙烷、丙烷、氢等引起的火灾。

4.D类火灾。指金属火灾。例如，钾、钠、镁、钛、锆、锂、铝镁合金火灾。

5.E类火灾。指带电火灾。物体带电燃烧的火灾。

6.F类火灾。指烹饪器具内的烹饪物火灾。例如，动植物油脂火灾。

（二）根据火灾损失严重程度，火灾可分为特别重大、重大、较大和一般火灾四个等级。

1.特别重大火灾是指造成30人以上死亡，或者100人以上重伤，或者1亿元以上直接财产损失的火灾。

2.重大火灾是指造成10人以上30人以下死亡，或者50人以上100人以下重伤，或者5000万元以上1亿元以下直接财产损失的火灾。

3.较大火灾是指造成3人以上10人以下死亡，或者10人以上50人以下重伤，或者1000万元以上5000万元以下直接财产损失的火灾。

4.一般火灾是指造成3人以下死亡，或者10人以下重伤，或者1000万元以下直接财产损失的火灾。

## 第二节　消防设施器材

### 一、灭火器

灭火器是由人力操作的，能在其自身压力的作用下，将所充装的灭火剂喷出以扑救火灾，并可手提或移动的灭火器具。按照充装灭火剂的不同，常见的灭火器有水型灭火器、泡沫灭火器、二氧化碳灭火器、干粉灭火器等（见图8-1至8-4）。

图8-1 手提式水型灭火器

图8-2 手提式泡沫灭火器

图8-3 二氧化碳灭火器

图8-4 ABC干粉灭火器

（一）水型灭火器

主要用于扑救固体物质火灾，例如，木材、纸张、棉麻、织物等物质的火灾。水型灭火器一般不用来扑救可燃液体火灾、可燃气体火灾、带电设备火灾和轻金属火灾，不宜用来扑救图书资料、文物档案、艺术作品、技术文献等物质的火灾。能够喷雾的灭火器也可用于扑救可燃液体的火灾。

（二）泡沫灭火器

适用于扑救油脂类、石油产品及一般固体物质的初起火灾。主要有MP型手提式、MPZ型手提式、MPT型推车式（见图8-5）三种。

（三）二氧化碳灭火器

主要适用于扑救贵重设备、档案资料、仪器仪表、600V以下的电器及油脂等火灾。二氧化碳灭火器有MT型手轮式和MTZ型鸭嘴式两种。

（四）干粉灭火器

主要用于扑救石油、有机溶剂等易燃液体、可燃气体和电气设备的初起火灾。干粉灭火器按充入的干粉药剂分类，有BC型干粉灭火器、ABC型干粉灭火器两种。

图8-5 推车式泡沫灭火器

## 二、室内消火栓

室内消火栓是扑救建筑火灾的重要设施，通常置于室内消火栓箱内，消火栓箱由箱体、消防水枪、消防水带、室内消火栓、消防软管卷盘和消火栓启泵按钮等组件构成（见图8-6）。

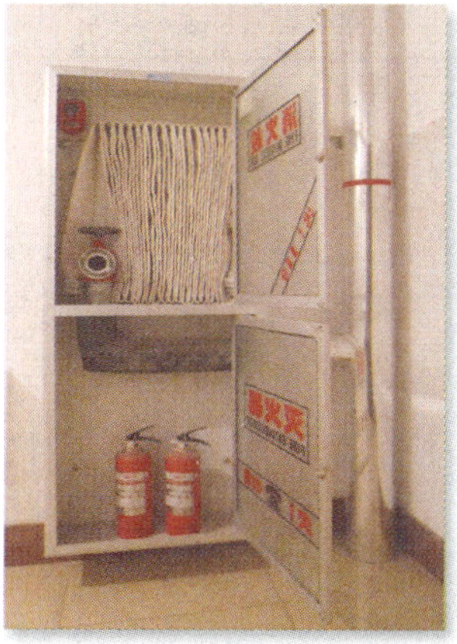

图8-6 室内消火栓

（一）设置范围

1.根据《建筑设计防火规范》GB50016规定，下列建筑应设置公称直径65厘米的室内消火栓：

（1）建筑占地面积大于300平方米的厂房（仓库）。

（2）体积大于5000立方米的车站、码头、机场的候车（船、机）楼、展览建筑、商店、旅馆建筑、病房楼、门诊楼、图书馆建筑等。

（3）特等、甲等剧场，超过800个座位的其他等级的剧场和电影院等，超过1200个座位的礼堂、体育馆等。

（4）超过5层或体积大于10000立方米的办公楼、教学楼、非住宅类居住建筑等其他民用建筑。

（5）超过7层的住宅应设置室内消火栓系统，当确有困难时，可只设置干式消防竖管和不带消火栓箱的公称直径65厘米的室内消火栓。

2.根据《建筑设计防火规范》GB50016规定，下列建筑可不设置室内消火栓：

（1）存有与水接触能引起燃烧爆炸的物品的建筑物和室内没有生产、生活给水管道，室外消防用水取自储水池且建筑体积小于等于5000立方米的其他建筑。

（2）耐火等级为一、二级且可燃物较少的单层、多层丁、戊类厂房（仓库），耐火等级为三、四级且建筑体积小于等于3000立方米的丁类厂房和建筑体积小于等于5000立方米的戊类厂房（仓库），粮食仓库、金库。

（二）设置要求

1.除无可燃物的设备层外，设置室内消火栓的建筑物，其各层均应设置消火栓。

2.消防电梯间前室内应设置室内消火栓。

3.室内消火栓应设置在位置明显且易于操作的部位。栓口离地面或操作基面高度宜为1.1米，其出水方向宜向下或与设置室内消火栓的墙面成90度角；栓口与消火栓箱内边缘的距离不应影响消防水带的连接。

4.同一建筑物内应采用统一规格的消火栓、水枪和水带。每条水带的长度不应大于25米。

5.室内消火栓的布置应保证每一个防火分区同层有两支水枪的充实水柱同时到达室内任何部位。

6.设有室内消火栓的建筑，如为平屋顶时，宜在平屋顶上设置试验和检查用的消火栓。

## 三、室外消火栓

室外消火栓设置在建筑物的外围，多数情况是为消防车提供消防用水，设置在高压给水系统管网上的室外消火栓，也可以直接接出水带、水枪灭火。

### （一）室外消火栓的类型

室外消火栓根据设置方式分为地上式消火栓和地下式消火栓两种。

1.地上式消火栓

图8-7 地上式室外消火栓

地上式消火栓大部分露出地面，具有目标明显、易于寻找、出水操作方便等特点，适于气温较高地区安装使用。但地上式消火栓容易冻结、易遭到破坏。在我国南方温暖地区地上式消火栓使用较为普遍（见图8–7）。

2.地下式消火栓

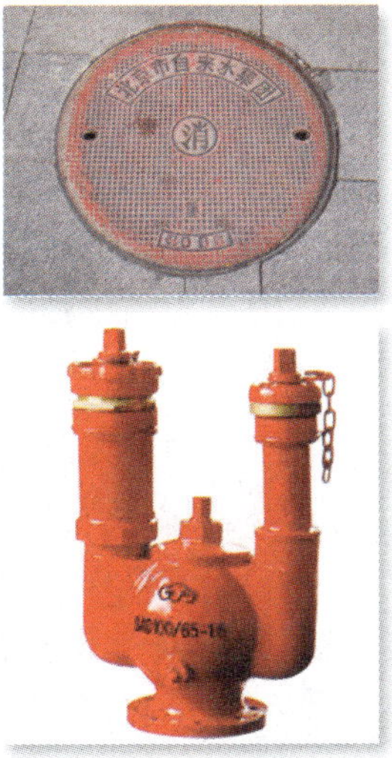

图8–8 地下室室外消火栓

地下式消火栓设置在消火栓井内，具有不冻结、不易损坏、不影响交通等优点，适于北方寒冷地区使用。但地下式消火栓目标不明显，特别是在雨雪天和夜间，操作不便。因此，要求在地下式消火栓旁设置明显的指示标志（见图8–8）。

### （二）室外消火栓的设置要求

1.室外消火栓应沿道路设置。当道路宽度大于60米时，宜在道路两边设置消火栓，并宜靠近十字路口。

2.室外消火栓的保护半径不应大于150米，间距不应大于120米，距路边不应大于2

米，距房屋外墙不宜小于5米。

3.地上式消火栓应有1个公称直径150厘米或100厘米和2个公称直径65厘米的栓口。采用室外地下式消火栓时，应有公称直径100厘米和65厘米的栓口各1个。寒冷地区设置的室外消火栓应有防冻措施。

## 四、火灾应急照明和疏散指示标志

（一）火灾应急照明

火灾应急照明是指在因火灾事故必须拉闸断电的情况下，需要继续工作、保障安全或人员疏散用的照明（见图8-9）。

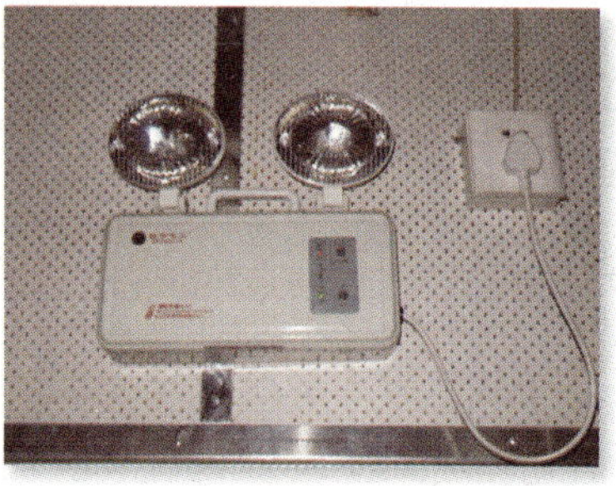

图8-9 火灾应急照明灯

1.分类

火灾应急照明灯具按应急供电方式不同，可分为双电源切换供电型、自带电源型、集中电源型和子母电源型。

2.设置范围

根据《建筑设计防火规范》GB50016规定，除住宅外的民用建筑、厂房和丙类仓库下列部位应当设置火灾应急照明灯具，宜设置在墙面的上部、顶棚上或出口的顶部。

（1）封闭楼梯间、防烟楼梯间及其前室、消防电梯间的前室或合用前室；

（2）消防控制室、消防水泵房、自备发电机房、配电室、防烟与排烟机房以及发生火灾时仍需正常工作的其他房间；

（3）观众厅，建筑面积超过400平方米的展览厅、营业厅、多功能厅、餐厅，建筑面积超过200平方米的演播室；

（4）建筑面积超过300平方米的地下、半地下建筑或地下室、半地下室中的公共活动房间；

（5）公共建筑中的疏散走道。

（二）火灾疏散指示标志

火疏散指示标志是火灾应急标志的最主要组成部分，在火灾情况下，为人员疏散提供指示安全出口、疏散出口及其方向，指示楼层、避难层及其他安全场所。

1.分类

（1）电致发光型疏散指示标志，如灯光型、电子显示型等，俗称“标志灯”（见图8-10）；

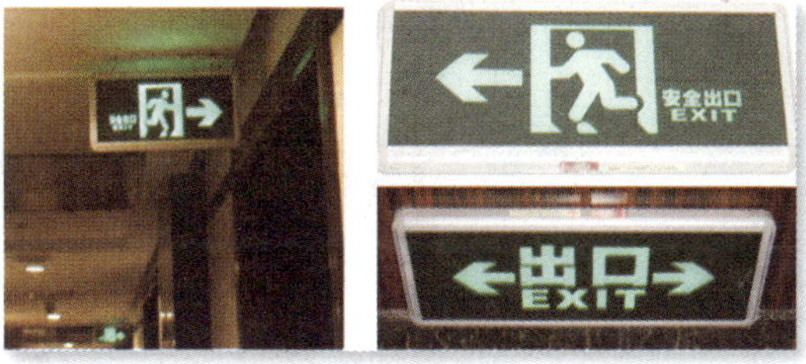

图8-10 电致发光型疏散指示标志

（2）光致发光型疏散指示标志，如蓄光自发光型等，俗称“标志牌”（见图8-11）。

2.设置范围

根据《建筑设计防火规范》GB50016规定，公共建筑、高层厂房（仓库）及甲、乙、丙类厂房应沿疏散走道和在安全出口、人员密集场所的疏散门的正上方设置灯光疏散指示标志，并应符合下列规定：

（1）安全出口和疏散门的正上方应采用“安全出口”作为指示标识；

（2）沿疏散走道设置的灯光疏散指示标志，应设置在疏散走道及其转角处距地面高度1米以下的墙面上，且灯光疏散指示标志间距不应大于20米；对于袋形走道，不应大

图8-11 光致发光型疏散指示标志

于10米；在走道转角区，不应大于1米，其指示标识应符合现行国家标准《消防安全标志》GB13495的有关规定。

## 五、防火门

防火门（连同框架）是设置于防火分区间或防火隔间与疏散走道、安全出口间且具有一定耐火极限的防火分隔物（见图8-12）。

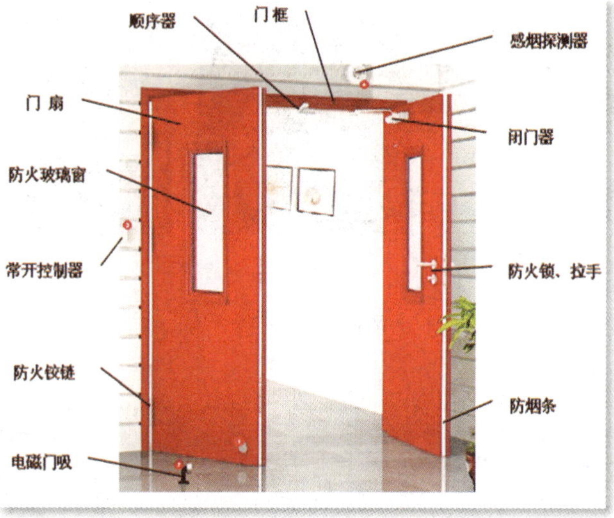


图8-12 防火门

（一）分类

1.按照开启状态分类，分为常闭式防火门和常开防火门。

常闭式防火门平时在闭门器的作用下处于关闭状态，发生火灾时能阻止火势烟气蔓延；常开防火门平时在闭门器的作用下处于开启状态，发生火灾时自动释放开关，在闭门器和顺序器的作用下自动关闭。

2.按照隔热性能分类，分为隔热防火门（A类）、部分隔热防火门（B类）和非隔热防火门（C类）。

（1）A类防火门，在规定的时间内能同时满足耐火隔热性和耐火完整性要求，耐火等级分别为0.5小时（丙级）、1小时（乙级）、1.5小时（甲级）和2小时、3小时；

（2）B类防火门，耐火隔热性要求为0.5小时，耐火完整性等级分别为1小时、1.5小时、2小时、3小时；

（3）C类防火门，耐火隔热性没有要求，在规定的耐火时间内仅满足耐火完整性的要求，耐火完整性等级分别为1小时、1.5小时、2小时、3小时。

3.按照耐火极限分类，可分为甲、乙、丙三级。

（1）甲级防火门，耐火极限不低于1.5小时；

（2）乙级防火门，耐火极限不低于1小时；

（3）丙级防火门，耐火极限不低于0.5小时。

（二）设置位置

1.甲级防火门主要安装于防火分区间的防火墙上，部分特殊房间如消防水泵房、燃油燃气锅炉房的门也为甲级防火门。

2.乙级防火门主要安装于防烟楼梯间及其前室、封闭楼梯间等部位。

3.丙级防火门主要安装于管道井、电缆井的检查门等部位。

## 第三节　消防法律法规

### 一、消防法律法规的种类

（一）消防法律

是指全国人民代表大会及其常务委员会根据《宪法》的规定，依照立法程序制定的调整消防领域各项行为的规范性文件。

《消防法》是我国最主要的消防法律。我国涉及消防管理工作的法律还有《治安处罚法》、《刑法》等。另外，《行政诉讼法》、《行政复议法》和《国家赔偿法》等法律也是消防管理以及消防执法工作应当遵循的法律依据。

（二）消防法规

1.消防行政法规

是指国务院为了实施消防法律而制定和颁布的有关国家消防行政管理活动的规范性文件。

现行涉及消防管理工作的行政法规主要有《森林防火条例》、《草原防火条例》、《危险化学品安全管理条例》等。

2.地方性消防法规

是指省、自治区、直辖市以及国务院批准的较大市的人民代表大会及其常务委员会制定和颁布的有关消防的规范性文件。

目前，全国所有的省、自治区、直辖市以及部分较大的市都制定了本地的地方性消防法规，如《浙江省消防条例》、《深圳经济特区消防条例》、《广东省实施<中华人民共和国消防法>办法》等。

（三）消防规章

1.国务院部门消防规章

是指国务院各部、委根据国家消防法律和国务院行政法规、决定、命令，在本部门权限内制定和发布的消防行政管理规范性文件。

目前，由公安部或公安部与其他部委联合制定的消防规章主要有《仓库防火安全管理规则》（公安部令第6号）、《高层居民住宅楼防火管理规则》（公安部令第11号）、《集贸市场消防安全管理办法》（国家工商行政管理局令第19号）、《公共娱乐场所消防安全管理规定》（公安部令第39号）、《机关、团体、企业、事业单位消防安全管理规定》（公安部令第61号）、《建设工程消防监督管理规定》（公安部令第106号）、《消防监督检查规定》（公安部令第107号）、《火灾事故调查规定》（公安部令第108号）和《社会消防安全教育培训规定》（公安部令第109号）等。

2.地方政府消防规章

是指省、自治区、直辖市以及国务院批准的较大市的人民政府制定和颁布的管理本辖区消防事务的行政规范性文件。

近年来，全国各地针对当地消防工作的实际需要，将一些消防工作经验与措施加以固化，制定了一些富有地方特色的规章，如《重庆市高层建筑消防安全管理规定》、《浙江省社会消防组织管理办法》、《宁波市高层多业主建筑消防安全管理规定》等。

（四）消防技术标准

消防法规体系具有一定的特殊性，即该体系中存在大量的技术标准，这是由消防工作所特有的专业性和技术性决定的。消防技术标准是我国国务院各部委、地方各部门依据《中华人民共和国标准化法》的规定，依照法定程序制定颁布的，用以规范消防技术领域中人与自然、科学技术等关系的行为规则和技术要求。单纯的消防技术标准不具有法律效力，消防技术标准由国家赋予其普遍约束力和法律意义的那部分规范和标准，则属于消防法规体系的内容。

按照制定机关与级别的不同，消防技术标准可分为国家标准、行业标准及地方标准；根据其强制约束力的不同，可分为强制性标准和推荐性标准；根据性质的不同，可分为规范（又称工程建设技术标准）和标准。

## 二、消防行政处罚种类

（一）警告

是指公安机关消防机构对违反消防法规的公民、法人或者其他组织给予警示、提出告诫，使其认识到行为的违法性和危害性的一种处罚方式。警告属申诫罚，是行政处罚中最轻的一种处罚。

（二）罚款

是指公安机关消防机构对违反消防法规的公民、法人或者其他组织，依法限令其在一定期限内缴纳一定数额货币的处罚形式。罚款属财产罚，是使用比较广泛的行政处罚方式。

（三）没收违法所得

是指公安机关消防机构对行为人实施消防违法行为的违法所得，强制无偿收归国有的一种行政处罚。没收违法所得属财产罚。

（四）责令停止施工、停止使用、停产停业

是指公安机关消防机构对违反消防法规的行为人，依法限制或剥夺其施工，使用建筑、电器产品或燃气用具，从事生产或经营活动权利的行政处罚形式。责令停止施工、停止使用、停产停业属行为罚。

（五）责令停止执业，吊销资格、资质

是指原许可机关对违反消防法规出具虚假、失实文件的消防技术服务机构，依法暂时或永久地停止其从事消防技术服务活动、撤销取得的国家准许其从事消防技术服务活动资格的文件的处罚形式。责令停止执业，吊销资格、资质属行为罚。

（六）行政拘留

是公安机关对违反消防法规的行为人，依据法律规定，在一定时间内限制其人身自由的一种行政处罚。行政拘留属人身自由罚。

## 三、消防安全主体责任的有关要求

根据《消防法》第五条规定，任何单位和个人都有维护消防安全、保护消防设施、预防火灾、报告火警的义务。任何单位和成年人都有参加有组织的灭火工作的义务。

（一）社会单位消防安全管理工作遵循的方针和原则

根据《消防法》第二条规定，消防工作贯彻预防为主、防消结合的方针，按照政府统一领导、部门依法监管、单位全面负责、公民积极参与的原则，实行消防安全责任制，建立健全社会化的消防工作网络。

根据《机关、团体、企业、事业单位消防安全管理规定》第三条规定，单位应当遵守消防法律、法规、规章，贯彻预防为主、防消结合的消防工作方针，履行消防安全职责，保障消防安全。

（二）确定消防安全责任人

根据《消防法》第十六条第二款规定，单位的主要负责人是本单位消防安全责任人。

根据《机关、团体、企业、事业单位消防安全管理规定》第四条规定，法人单位的法定代表人或者非法人单位的主要负责人是单位的消防安全责任人，对本单位的消防安全工作全面负责。同时，该规定第五条规定，单位应当落实逐级消防安全责任制和岗位消防安全责任制，明确逐级和岗位消防安全职责，确定各级、各岗位的消防安全责任人。

（三）消防安全职责的具体要求

1.社会单位应当履行的消防安全职责

根据《消防法》第十六条规定，机关、团体、企业、事业等单位应当履行下列消防安全职责：

（1）落实消防安全责任制，制定本单位的消防安全制度、消防安全操作规程，制定灭火和应急疏散预案；

（2）按照国家标准、行业标准配置消防设施、器材，设置消防安全标志，并定期组织检验、维修，确保完好有效；

（3）对建筑消防设施每年至少进行一次全面检测，确保完好有效，检测记录应当完整准确，存档备查；

（4）保障疏散通道、安全出口、消防车通道畅通，保证防火防烟分区、防火间距符合消防技术标准；

（5）组织防火检查，及时消除火灾隐患；

（6）组织进行有针对性的消防演练；

（7）法律、法规规定的其他消防安全职责。

同时，《消防法》第十七条规定，消防安全重点单位在履行以上职责的基础上，还应当履行下列消防安全职责：

（1）确定消防安全管理人，组织实施本单位的消防安全管理工作；

（2）建立消防档案，确定消防安全重点部位，设置防火标志，实行严格管理；

（3）实行每日防火巡查，并建立巡查记录；

（4）对职工进行岗前消防安全培训，定期组织消防安全培训和消防演练。

2.消防安全责任人应当履行的消防安全职责

根据《机关、团体、企业、事业单位消防安全管理规定》第六条规定，单位的消防安全责任人应当履行下列消防安全职责：

（1）贯彻执行消防法规，保障单位消防安全符合规定，掌握本单位的消防安全情况；

（2）将消防工作与本单位的生产、科研、经营、管理等活动统筹安排，批准实施年度消防工作计划；

（3）为本单位的消防安全提供必要的经费和组织保障；

（4）确定逐级消防安全责任，批准实施消防安全制度和保障消防安全的操作规程；

（5）组织防火检查，督促落实火灾隐患整改，及时处理涉及消防安全的重大问题；

（6）根据消防法规的规定建立专职消防队、志愿消防队；

（7）组织制定符合本单位实际的灭火和应急疏散预案，并实施演练。

3.消防安全管理人应当履行的消防安全职责

根据《机关、团体、企业、事业单位消防安全管理规定》第七条规定，单位可以根据需要确定本单位的消防安全管理人。消防安全管理人对单位的消防安全责任人负责，实施和组织落实下列消防安全管理工作：

（1）拟订年度消防工作计划，组织实施日常消防安全管理工作；

（2）组织制订消防安全缺席和保障消防安全的操作规程并检查督促其落实；

（3）拟订消防安全工作的资金投入和组织保障方案；

（4）组织实施防火检查和火灾隐患整改工作；

（5）组织实施对本单位消防设施、灭火器材和消防安全标志维护保养，确保其完好有效，确保疏散通道和安全出口畅通；

（6）组织管理专职消防队和志愿消防队；

（7）组织开展对员工进行消防知识、技能的宣传教育和培训，组织灭火和应急疏散预案的实施和演练；

（8）单位消防安全责任人委托的其他消防安全管理工作。

同时该条第二款还明确，消防安全管理人应当定期向消防安全责任人报告消防安全情况，及时报告涉及消防安全的重大问题。未确定消防安全管理人的单位，前款规定的消防安全管理工作由单位消防安全责任人负责实施。

4.多产权建筑应当落实的消防安全职责

根据《消防法》第十八条第一款规定，同一建筑物由两个以上单位管理或者使用的，应当明确各方的消防安全责任，并确定责任人对共用的疏散通道、安全出口、建筑消防设施和消防车通道进行统一管理。

5.住宅区物业服务企业应当履行的消防安全职责

根据《消防法》第十八条第二款规定，住宅区的物业服务企业应当对管理区域内的共用消防设施进行维护管理，提供消防安全防范服务。

根据《机关、团体、企业、事业单位消防安全管理规定》第十条规定，居民住宅区的物业管理单位应当在管理范围内履行下列消防安全职责：

（1）制定消防安全制度，落实消防安全责任，开展消防安全宣传教育；

（2）开展防火检查，消除火灾隐患；

（3）保障疏散通道、安全出口、消防车通道畅通；

（4）保障公共消防设施、器材以及消防安全标志完好有效。

6.施工现场应当落实的消防安全职责

根据《机关、团体、企业、事业单位消防安全管理规定》第十二条规定，建筑工程施工现场的消防安全由施工单位负责。实行施工总承包的，由总承包单位负责。分包单位向总承包单位负责，服从总承包单位对施工现场的消防安全管理。对建筑物进行局部改建、扩建和装修的工程，建设单位应当与施工单位在订立的合同中明确各方对施工现场的消防安全责任。

7.明火作业应当落实的消防安全职责

根据《消防法》第二十一条规定，禁止在具有火灾、爆炸危险的场所吸烟、使用明火。因施工等特殊情况需要使用明火作业的，应当按照规定事先办理审批手续，采取相应的消防安全措施；作业人员应当遵守消防安全规定。

同时，该条第二款规定，进行电焊、气焊等具有火灾危险作业的人员和自动消防系统的操作人员，必须持证上岗，并遵守消防安全操作规程。

根据《机关、团体、企业、事业单位消防安全管理规定》第二十条规定，单位应当对动用明火实行严格的消防安全管理。禁止在具有火灾、爆炸危险的场所使用明火；因特殊情况需要进行电、气焊等明火作业的，动火部门和人员应当按照单位的用火管理制度办理审批手续，落实现场监护人，在确认无火灾、爆炸危险后方可动火施工。动火施工人员应当遵守消防安全规定，并落实相应的消防安全措施。公众聚集场所或者两个以上单位共同使用的建筑物局部施工需要使用明火时，施工单位和使用单位应当共同采取措施，将施工区和使用区进行防火分隔，清除动火区域的易燃、可燃物，配置消防器材，专人监护，保证施工及使用范围的消防安全。公共娱乐场所在营业期间禁止动火施工。

（四）社会单位应当建立的消防安全规章制度

根据《消防法》第十六条第一款第一项规定，机关、团体、企业、事业等单位应当落实消防安全责任制，制定本单位的消防安全制度、消防安全操作规程，制定灭火和应急疏散预案。

根据《机关、团体、企业、事业单位消防安全管理规定》第十八条第二款规定，单位消防安全制度主要包括：消防安全教育、培训；防火巡查、检查；安全疏散设施管理；消防（控制室）值班；消防设施、器材维护管理；火灾隐患整改；用火、用电安全管理；易燃易爆危险品和场所防火防爆；专职和志愿消防队的组织管理；灭火和应急疏散预案演练；燃气和电气设备的检查和管理（包括防雷、防静电）；消防安全工作考评和奖惩；其他必要的消防安全内容。

（五）社会单位开展内部消防安全检查的要求

根据《消防法》第十六条第一款第五项规定，机关、团体、企业、事业等单位应当组织防火检查，及时消除火灾隐患；第十七条第二款第三项规定，消防安全重点单位还应当实行每日防火巡查，并建立巡查记录。

1.防火巡查

根据《机关、团体、企业、事业单位消防安全管理规定》第二十五条规定，消防安全重点单位应当进行每日防火巡查，并确定巡查的人员、内容、部位和频次。其他单位可以根据需要组织防火巡查。巡查的内容应当包括：

（1）用火、用电有无违章情况；

（2）安全出口、疏散通道是否畅通，安全疏散指示标志、应急照明是否完好；

（3）消防设施、器材和消防安全标志是否在位、完整；

（4）常闭式防火门是否处于关闭状态，防火卷帘下是否堆放物品影响使用；

（5）消防安全重点部位的人员在岗情况；

（6）其他消防安全情况。

同时，该条第二款至第四款还明确：公众聚集场所在营业期间的防火巡查应当至少每二小时一次；营业结束时应当对营业现场进行检查，消除遗留火种。医院、养老院、寄宿制学校、托儿所、幼儿园应当加强夜间防火巡查，其他消防安全重点单位可以结合实际组织夜间防火巡查。防火巡查人员应当及时纠正违章行为，妥善处置火灾危险，无法当场处置的，应当立即报告。发现初起火灾应当立即报警并及时扑救。防火巡查应当填写巡查记录，巡查人员及其主管人员应当在巡查记录上签名。

2.防火检查

根据《机关、团体、企业、事业单位消防安全管理规定》第二十六条规定，机关、团体、事业单位应当至少每季度进行一次防火检查，其他单位应当至少每月进行一次防火检查。检查的内容应当包括：

（1）火灾隐患的整改情况以及防范措施的落实情况；

（2）安全疏散通道、疏散指示标志、应急照明和安全出口情况；

（3）消防车通道、消防水源情况；

（4）灭火器材配置及有效情况；

（5）用火、用电有无违章情况；

（6）重点工种人员以及其他员工消防知识的掌握情况；

（7）消防安全重点部位的管理情况；

（8）易燃易爆危险品和场所防火防爆措施的落实情况以及其他重要物资的防火安全情况；

（9）消防(控制室)值班情况和设施运行、记录情况；

（10）防火巡查情况；

（11）消防安全标志的设置情况和完好、有效情况；

（12）其他需要检查的内容。

（六）社会单位火灾隐患整改的要求

根据《消防法》第十六条第一款第五项规定，机关、团体、企业、事业等单位应当组织防火检查，及时消除火灾隐患。

1.当场改正

根据《机关、团体、企业、事业单位消防安全管理规定》第三十一条规定，对下列违反消防安全规定的行为，单位应当责成有关人员当场改正并督促落实：

（1）违章进入生产、储存易燃易爆危险品场所的；

（2）违章使用明火作业或者在具有火灾、爆炸危险的场所吸烟、使用明火等违反禁令的；

（3）将安全出口上锁、遮挡，或者占用、堆放物品影响疏散通道畅通的；

（4）消火栓、灭火器材被遮挡影响使用或者被挪作他用的；

（5）常闭式防火门处于开启状态，防火卷帘下堆放物品影响使用的；

（6）消防设施管理、值班人员和防火巡查人员脱岗的；

（7）违章关闭消防设施、切断消防电源的；

（8）其他可以当场改正的行为。

2.限期改正

根据《机关、团体、企业、事业单位消防安全管理规定》第三十二条规定，对不能当场改正的火灾隐患，消防工作归口管理职能部门或者专兼职消防管理人员应当根据本单位的管理分工，及时将存在的火灾隐患向单位的消防安全管理人或者消防安全责任人报告，提出整改方案。消防安全管理人或者消防安全责任人应当确定整改的措施、期限以及负责整改的部门、人员，并落实整改资金。在火灾隐患未消除之前，单位应当落实防范措施，保障消防安全。不能确保消防安全，随时可能引发火灾或者一旦发生火灾将严重危及人身安全的，应当将危险部位停产停业整改。

（七）社会单位开展消防安全宣传教育和培训的要求

根据《消防法》第六条第二款规定，机关、团体、企业、事业等单位，应当加强对本单位人员的消防宣传教育。

根据《消防法》第十七条第二款第四项规定，消防安全重点单位应当对职工进行岗前消防安全培训，定期组织消防安全培训。

根据《机关、团体、企业、事业单位消防安全管理规定》第三十六条规定，单位应当通过多种形式开展经常性的消防安全宣传教育。消防安全重点单位对每名员工应当至少每年进行一次消防安全培训。宣传教育和培训应当包括下列内容：

（1）有关消防法规、消防安全制度和保障消防安全的操作规程；

（2）本单位、本场所的火灾危险性和防火措施；

（3）有关消防设施的性能、灭火器材的使用方法；

（4）报火警、扑救初起火灾以及自救逃生的知识和技能。

同时，该条第二款规定：公众聚集场所对员工的消防安全培训应当至少每半年进行一次，培训的内容还应当包括组织、引导在场群众疏散的知识和技能。第三款规定：单位应当组织新上岗和进入新岗位的员工进行上岗前的消防安全培训。

（八）社会单位制定灭火、应急疏散预案和演练的要求

根据《消防法》第十六条第一款第一项规定，机关、团体、企

业、事业等单位应制定灭火和应急疏散预案。

同时该条款第六项规定，单位还应当组织进行有针对性的消防演练。

根据《消防法》第十七条第二款第四项规定，消防安全重点单位应当定期组织消防演练。

1.灭火、应急疏散预案内容要求

根据《机关、团体、企业、事业单位消防安全管理规定》第三十九条规定，消防安全重点单位制定的灭火和应急疏散预案应当包括下列内容：

（1）组织机构，包括：灭火行动组、通信联络组、疏散引导组、安全防护救护组；

（2）报警和接警处置程序；

（3）应急疏散的组织程序和措施；

（4）扑救初起火灾的程序和措施；

（5）通信联络、安全防护救护的程序和措施。

2.灭火、应急疏散预案演练的频次要求

根据《机关、团体、企业、事业单位消防安全管理规定》第四十条规定，消防安全重点单位应当按照灭火和应急疏散预案，至少每半年进行一次演练，并结合实际，不断完善预案。其他单位应当结合本单位实际，参照制定相应的应急方案，至少每年组织一次演练。

（九）社会单位消防档案建设要求

根据《消防法》第十六条第一款第三项规定，机关、团体、企业、事业等单位应当对建筑消防设施每年至少进行一次全面检测，确保完好有效，检测记录应当完整准确，存档备查。

根据《消防法》第十七条第二款第二项规定，消防安全重点单位应当建立消防档案，确定消防安全重点部位；该条款第三项规定，消防安全重点单位实行每日防火巡查，并建立巡查记录。

根据《机关、团体、企业、事业单位消防安全管理规定》第四十一条规定，消防安全重点单位应当建立健全消防档案。消防档案应当包括消防安全基本情况和消防安全管理情况。消防档案应当详实，全面反映单位消防工作的基本情况，并附有必要的图表，根据情况变化及时更新。单位应当对消防档案统一保管、备查。

1.消防安全基本情况建档要求

根据《机关、团体、企业、事业单位消防安全管理规定》第四十二条规定，消防安全基本情况应当包括以下内容：

（1）单位基本概况和消防安全重点部位情况；

（2）建筑物或者场所施工、使用或者营业前的消防设计审核、消防验收以及消防安全检查的文件、资料；

（3）消防管理组织机构和各级消防安全责任人；

（4）消防安全制度；

（5）消防设施、灭火器材情况；

（6）专职消防队、志愿消防队人员及其消防装备配备情况；

（7）与消防安全有关的重点工种人员情况；

（8）新增消防产品、防火材料的合格证明材料；

（9）灭火和应急疏散预案。

2.消防安全管理情况的建档要求

根据《机关、团体、企业、事业单位消防安全管理规定》第四十三条规定，消防安全管理情况应当包括以下内容：

（1）公安机关消防机构、公安派出所填发的各种法律文书；

（2）消防设施检查记录、自动消防设施全面检查测试报告以及维修保养记录；

（3）火灾隐患及其整改情况记录；

（4）防火检查、巡查记录；

（5）有关燃气、电气设备检测（包括防雷、防静电）等记录资料；

（6）消防安全培训记录；

（7）灭火和应急疏散预案的演练记录；

（8）火灾情况记录；

（9）消防奖惩情况记录。